重症心身障害の子どもの実態把握ガイド

「受止め・対応リスト」とその「評価シート」の活用

徳永 豊 編著

慶應義塾大学出版会

はじめに

　重度の肢体不自由に加えて，重度の知的障害や視覚障害・聴覚障害を併せ有する子どもを「重症心身障害」（または，重度・重複障害）ということがあります。多くの子どもは，車いすでの生活やベッドでの生活であり，視線や表情，身振りによって大人とのやりとりを試みます。子どもの表出や表現が脆弱で微弱な状況です。

　特別支援学校などには，安心・安全な生活を基本として，これらの子どもの実態を把握し，目標設定をしつつ，授業や活動にともに取り組むことを日々の仕事にしている教師や医療・福祉関係者がいます。

　重症心身障害の子どもは，その表出や表現が微弱であるため，教師などにとってどのように実態把握をして，目標を設定していくかが大きな課題になります。その際に活用するものの一つが「Sスケール」（本書第2章，および文献1）です。Sスケールは，人とのつながりに関わる国語，物とのつながりに関わる算数といった教科の視点で，子どもの実態把握をするためのツールです。人とつながる力，物とつながる力について，2歳前までの行動やそれらの力を8段階で評価するための「ものさし」です。このSスケールは，特別支援学校などにおいて障害の重い子どもの授業を計画し実施していく際には，大事な手がかりを与えるツールとして活用されています。

　しかしながら，本書の第1章で示すように，重症心身障害の場合には，目の動き，視線，表情，姿勢などの変化がわずかであることから，場合によってはその変化を捉えることに教師などが苦労することがあり，「Sスケール」を活用しても子どもの行動評価が難しいことがあります。

　そこで，子どもの実態をより詳細に把握する手がかりとして，第3章では，覚醒状況や注意の芽生え，注意の指向性，反応行動などの視点を解説します。第4章では，子どもへ働きかけながらの実態把握と臨床的なアプローチである「卵モデル」を手がかりに，それぞれの発達段階の詳細を解説しました。

　そして，第5章・第6章ではSスケール「受止め・対応リスト」と名づけた，外界の変化を子どもがどのように受け止め，対応するのかを評価するための行動リストについて紹介し，その考えを述べています。また，重症心身

障害の場合，行動のばらつきが大きく，「受止め・対応リスト」だけでは評価が難しいことがあります。より効果的に同リストを活用するために，場面を決めて継続的に子どもの実態を把握する「評価シート」も併せて提案しました（第7章）。そして，第8章で，その実践を紹介しました。

どうぞ，本書の「受止め・対応リスト」と「評価シート」の考え方をご理解いただき，実際に活用して，その課題などについてお教えいただけますよう，お願いいたします。それらを踏まえて，さらに，よりよいSスケールの「受止め・対応リスト」と「評価シート」の改善に取り組んでいきます。

なお，このガイドを活用するにあたり，「受止め・対応リスト」「評価シート」などについては，71ページに記載のWebページよりダウンロードしてご活用ください。

また，本書と並行して『重症心身障害教育ハンドブック（仮)』を準備しています。子どもの実態把握に留まらず，授業，さらにその子どもにとってよりよい学校教育など，幅広くその教育の基本を紹介しています。併せてご活用いただければ幸いです。

今回の出版にあたってお力添えいただきました慶應義塾大学出版会と編集でお世話になりました奥田詠二氏に心より感謝を申し上げます。

令和7（2025）年2月

徳　永　　豊

【文献】

1）徳永豊（2014）『障害の重い子どもの目標設定ガイド——授業における「学習到達度チェックリスト」の活用』，慶應義塾大学出版会.

目　次

はじめに

■第1章　重症心身障害と発達の状況 ………………………………………1

1．授業の様子　1

2．重症心身障害とは　2

3．大島の分類とは　3

4．英国における重症心身障害の概念　3

5．子どもとの授業　4

6．子どもの実態把握　6

■第2章　「Sスケール」と「学習到達度チェックリスト」の概要
──身につけたい力と発達段階の意義 ……………………9

1．「学習到達度チェックリスト」の概要　9

2．チェックリストについての留意事項　15

3．チェックリストの活用　17

■第3章　学びの状況を捉える初期発達の理解 ………………………20

1．厳しい状態の子どもとの出会い　20

2．大枠の発達の筋道　21

3．Sスケールと発達段階の意義，発達レベルの要素　23

4．スコア1やスコア2に留まる子どもの行動　25

5．覚醒と注意の芽生え，外界への指向性とは　25

6．まとめとして　29

■第4章　体験世界を推測する「卵モデル」と子ども理解 ………31

1．卵のモデル図（「卵モデル」）　31

2．このモデルの特徴─共感的視点　32

3．スコア0.5　33

4．スコア1　34

　5．スコア1.5　34

　6．スコア2　35

　7．まとめとして　36

■第5章　「受止め・対応リスト」とは──────────38

　1．「受止め・対応リスト」とは　38

　2．「受止め・対応リスト」の特徴　39

　3．スコア4までを7段階で検討する手がかり　42

　4．まとめとして　43

■第6章　「受止め・対応リスト」による実態把握──────46

　1．事例の概要と実態　47

　2．スコアと根拠となる行動　47

　3．実態把握を振り返って　49

■第7章　「受止め・対応の評価シート」とその使い方──────52

　1．「受止め・対応リスト」活用の難しさ　53

　2．「受止め・対応の評価シート」　54

　3．活用するためのポイント　59

　4．まとめとして　61

■第8章　「受止め・対応リスト」とその「評価シート」の活用事例──64

　1．対象児の実態　64

　2．「学習到達度チェックリスト」による実態把握　64

　3．「評価シート」と「受止め・対応リスト」を活用した実態把握　66

　4．「評価シート」と「受止め・対応リスト」を活用したメリットと課題
　　　69

Column 　学びに向かう力　8

　　　　　　子どもにとっての覚醒　30

　　　　　　見ることについて　37

　　　　　　注意行動の段階　45

　　　　　　応答的環境づくり　51

　　　　　　子どもの姿勢　62

　　　　　　反応行動と自発行動　70

「受止め・対応リスト」「評価シート」の使用について　　71

執筆者紹介　　72

第1章　重症心身障害と発達の状況

　筆者は，過去20年ほどの間，いわゆる「重症心身障害」（または，重度・重複障害）の子どもと授業実践の取組みを積み重ねてきた。重症心身障害とは，重度の肢体不自由に加えて，重度の知的障害や視覚障害・聴覚障害を併せ有するものである。子どもはそのために，多くの時間を臥位などで過ごすことが多い。

　国立特殊教育総合研究所（当時）に勤務する傍ら，隣接する国立久里浜養護学校（当時）での授業，また横浜市内で行われていた自主訓練会「たんぽぽ」で，これらの子どもたちとの実践に取り組んだ。一緒にからだを動かしながら，子どもとのつながりを目指して，様々なやりとりを展開する活動であった。

1．授業の様子

　重症心身障害の子どもとの授業の具体的な様子を，表1-1に示す。Aさ

表1-1　授業の様子

　Aさんは，重度の肢体不自由で，頭の位置を保持することや座ることが難しく，多くの時間をベッドで過ごしている。教師は，Aさんのわずかな目の動きや表情の変化を手がかりに，Aさんに働きかけている。教師の働きかけをAさんが受け止め，それに表情などで応じることが目標である。

　Bさんは手足を動かすことが難しく，車いすに乗って常に全身に力を入れて過ごしている。教師の働きかけに，たまに全身で応答することがある。教師は，教室の床に敷いてあるマットの上にBさんと一緒に座って，上体や手足を伸ばすことができないかとゆっくりと働きかける。教師の働きかけをBさんが受け止め，力を抜けるようになることが目標である。

表1-2　授業の目標の例

・目覚めて，教師や教材に注意を向け，見る，手を伸ばすなど。
・教師の働きかけで，教師に注意を向け，それを受け止め，表情や動きなどで応答するなど。
・教師の働きかけで，携帯楽器のキーボードに手を伸ばして，鍵盤を押して，音を出し楽しむなど。

んとBさんは，重い肢体不自由と重い知的障害の子どもである。

表1-1で示したような，肢体不自由が重度で知的障害が重度な場合，授業の目標は表1-2に示すような行動になる。すなわち，子どもと教師が，からだを動かしたり，声をかけあったり，光るおもちゃや音が鳴る楽器などを教材として一緒に活動したりして，人と人とのつながりを目指す授業になる。

2. 重症心身障害とは

さて，「重症心身障害」とは具体的にどのような状態，どのような発達の状況なのであろうか。前述のとおり，重症心身障害とは，重度の肢体不自由に加えて重度の知的障害や視覚障害・聴覚障害を併せ有する状態を意味する。また表1-3に示すように「重い身体障害（肢体不自由）の他に，色々な程度の精神遅滞（知的障害）やてんかんや行動障害などを合併している」状態という定義もある。

昭和41年の厚生省の定義では，「身体的・精神的障害が重複し，かつ，それぞれの障害が重度である児童および満18歳以上の者」となっている。

肢体不自由の程度が重度な場合，姿勢保持や手の操作が難しく，呼吸や食べる行為（摂食）に困難さが伴う場合がある。表出・表現も微弱で，大人と

表1-3　重症心身障害（出典：文献1）

重い身体障害（肢体不自由）の他に，色々な程度の精神遅滞（知的障害）やてんかんや行動障害などを合併している状態

のやりとりは，目の動きや表情の変化が主となる場合もある。
　知的障害の程度が重度な場合は，大人とのやりとりが難しく，食事や着替えなど日常生活においてきめ細かい支援が必要になる。

3．大島の分類とは

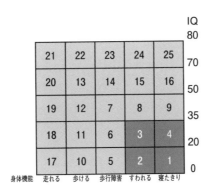

図1-1　大島の分類（出典：文献1）

　この重症心身障害の状態については，共通理解のために，「大島の分類」という分類法があり（図1-1），重症心身障害児施設などで使用されている。
　縦軸が知的機能（知能指数）であり，知的発達の遅れ（知的障害）の程度を5段階で示してある。横軸が身体機能（肢体不自由）の状態であり，その程度が「歩ける」「すわれる」など5段階で示されている。それぞれの組み合わせが計25パターンとなり，それぞれに番号が付されている。
　そして，「重症心身障害」は，知的障害と肢体不自由の程度が両方ともに著しい状態を意味し，図1-1の右下，区分1～4が該当するとされている（文献1）。

4．英国における重症心身障害の概念

　この重症心身障害について，イギリスにおける定義も確認しておく。英語表記は，重度で重複している学習困難を意味する「Profound and Multiple Learning Difficulties（PMLD）」（教育）である。あるいは，重度の知的

障害かつ重複した障害「Profound Intellectual and Multiple Disabilities (PIMD)」(福祉) という語も使用されていて, これらが重度・重複障害に類似する概念である (表1-4)(文献2)。

表1-4　英語での重症心身障害

・重度で重複している学習困難「Profound and Multiple Learning Difficulties (PMLD)」(教育)
・重度の知的障害かつ重複している障害「Profound Intellectual and Multiple Disabilities (PIMD)」(福祉)

イギリスの教育においては, 一般的な「障害」(Disability) の概念を使うことは少なく, 教育学的視点から「学習における困難さ」(Learning Difficulty) を使う。

筆者はイギリスの複数の特別支援学校に訪問したことがあるが, 日本のように重度の障害を併せ有する児童生徒に出会うことは多くない。理由はわからないが, 福祉・医療的な施設で生活している子どもたちが多いと推測される。この状況の違いは, 国による学校教育や医療の考え方の違いと考えられる。

5. 子どもとの授業

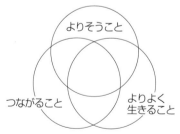

図1-2　教育で大切なこと

教師は, 障害が重い子どもとの授業で, どのようなことを大切と考え, 実践しているのだろうか。応答が微弱な子どもにとって, どのような活動, そしてどのような意味を「創り出す」ことが大事なのだろうか。

応答が微弱で支援が必要な子どもとの授業を展開していく上で大切にしたいこととして, 「よりそうこと」「つながること」「よりよく生きること」を位置づけることができる (図1-2)。これは, 重症心身障害児への教育の基本原則と考えられる。以下それぞれについて簡単に説明する。

(1) よりそうこと

「よりそうこと」とは,「その時に,その同じ空間」で,子どもの体験や想いに教師が注意を向けながらその様相を推測しつつ,子どものそばにいて,活動を展開することである。教師が子どもをどう捉えるのかだけではなく,子どもが教師をどう捉えているのか,に気を配りつつ,その時間や空間を子どもと共有することを意味する。

(2) つながること

「つながる」とは,教師の問いや働きかけに応える子どもの行動・変化を教師が見つけ出し,それに対してさらに教師が問い・働き返すことである。そのやりとりによって,子どもは教師と,また教師は子どもとつなが

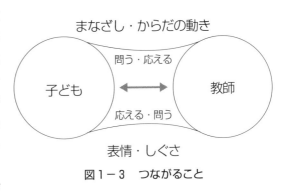

図1−3 つながること

ることができる(図1−3)。その際の問う・応える方法は,言葉では難しい場合が多く,まなざし・からだの動き・表情・しぐさなどが大切になる。

子どものこころに寄り添いつつ,子どもに声をかけたり,腕を触ったりして働きかけても,子どもの応答が明確でない場合も多くある。子どもが外界の変化に気づき,それを受け止めることに期待して,教師は子どもに働きかけるしかない。わずかな目の動き,呼吸などの変化を見つけて,子どもとつながる糸口を見つけ出すことが最初のチャレンジとなる。

(3) よりよく生きること

「よりよく生きること」とは,子どもが日々の学びや生活で,その学びを積み重ね,その子どもなりの健康を維持し,安心・安全を基礎に,よりよい体験を重ねることである。

授業での新たな体験に,新たな意味を見つけ出し,その子なりに輝く生活

を送ることを目指す。それは，学校教育内だけでなく，大人として社会に出た際，その子らしく生きることを意味する。

6．子どもの実態把握

子どもの実態把握は，子どもに関する情報を収集し，子どもの障害の状態や発達の程度および学びの状況を，教師が適切に捉える活動である。この実態把握は，教育や授業の大前提であり，目標設定など授業づくりの基礎となるものである。

(1)実態把握のまとまり

表1-5　実態把握の項目

①障害・疾病の状況や生育歴，治療歴
②健康状態や呼吸の状況など
③基本的な生活習慣
④学びにつながる情報

実態把握にあたって，西川（文献3）を参考にすると，その内容としては，表1-5に示すものがある。

その項目としては，①障害・疾病の状況や生育歴，治療歴，および出産時の状況や乳幼児期の身体の発育など基礎となる情報がある。また，②健康状態や呼吸の状況，平時の体温，摂食の状況，排泄の状況，投薬，発作など，健康管理につながる情報がある。

さらに，③基本的な生活習慣である睡眠，食事，入浴，外出対応などがある。また，生活時の姿勢管理や感覚の過敏さなどが含まれ，日常生活につながる情報がある。

(2)外界の受止めとつながり，やりとり

これらの情報に加えて，④授業における学びにつながる情報を把握することが必要になる。その情報は，視覚・聴覚での外界の受止めの状態や姿勢，運動の機能に加えて，人とのつながりや物とのつながり，それらを形成し，展開する力になる。

特に，心理的に安定した状態，コミュニケーションの状態，対人関係や社会性の発達などの社会的行動について，どの程度の発達を獲得しているかを

把握する。重症心身障害の場合には発達初期段階に留まる場合が多く，その把握のためには，乳児の発達理解が土台になる。

　このような障害が重度な子どもの実態把握と目標設定に活用するツールとして，徳永（文献4）は初期発達を踏まえつつ，「Sスケール」を提案している。

【文献】

1）島田療育センター（2023）「重症心身障害とは」https://www.shimada-ryoiku.or.jp/tama/intro/about_jushin/（2024年10月20日閲覧）.

2）Lacey, P. (1998) 'Meeting Complex Needs through Collaborative Multidisciplinary Teamwork', in P. Lacey and C. Ouvry (eds), *People with Profound and Multiple Learning Disabilities: A Collaborative Approach to Meeting Complex Needs*, pp. ix-xvii. Fulton.

3）西川公司（2001）『重複障害児の指導ハンドブック』全国心身障害児福祉財団.

4）徳永豊（2014）『障害の重い子どもの目標設定ガイド——授業における「学習到達度チェックリスト」の活用』，慶應義塾大学出版会.

Column1

学びに向かう力

　学習指導要領の改訂に伴い，「知識・技能」と「思考力・判断力・表現力等」に加え，「学びに向かう力・人間性等」が位置づけられた。この学びに向かう力を，「好奇心」「自己主張」「協調性」などで捉えていこうとする研究がある（文献１）。

　なお，「学びに向かう力」は，「どのように社会・世界と関わり，よりよい人生を送るか」であり，「知識・技能」と「思考力・判断力・表現力等」をどのような方向性で働かせていくかを決定づけるものとされている（文献２）。つまり，この力は，学ぶことの根底にある大切な力と捉えることができる。

　イギリスでは，障害が重度な子どもの学習評価として，「学習に関与（engagement）する力」を想定し，①気づき・意識（awareness），②新奇性（curiosity），③探索（investigation），④検出（discovery）等の枠組みで検討している試みがある（文献３）。特に，障害の重度な子どもにとっては，「知識・技能」と「思考力・判断力・表現力等」を身につけると共に，「学びに向かう力」をどのように高めるかが，指導の重要な目標になる。なお，イギリスの関与（engagement）の考えは，「学びに向かう力」に示される要素のみであり，授業の目標や内容について不明確である点が課題になっている。

【文献】

1) ベネッセ教育研究所（2016）「幼児期から小学生の家庭教育調査・縦断調査」.
2) 文部科学省（2016）「幼稚園，小学校，中学校，高等学校及び特別支援学校の学習指導要領等の改善及び必要な方策等について」.
3) Carpenter, B., Egerton, J., Cockbill, B., Bloom, T., Fotheringham, J., Rawson, H., & Thistlethwaite, J. (2015) *Engaging Learners with Complex Learning Difficulties and Disabilities: A resource book for teachers and teaching assistants.* Routledge.

第2章　「Sスケール」と「学習到達度チェックリスト」の概要
──身につけたい力と発達段階の意義

　学校教育においては，子どもの「生きる力」をバランスよく把握する意味
で，国語などの教科の視点が必要となっている。また，障害が重度な子ども
との授業において，妥当な目標設定を可能とするために，適切な目盛りの
「ものさし」が必要になっている。

　このような課題を解決するツールとして，国語などの教科の視点を軸に，
乳幼児の発達を踏まえて，生後1カ月以降の行動を手がかりとして，子ど
もの学びや発達を段階的に把握していく尺度である「Sスケール」を開発し，
「学習到達度チェックリスト」（以下「チェックリスト」）の改良を重ねてきた。

　重症心身障害の場合は，適切なツールがないと，身につけたい力を国語や
算数などの教科の視点で検討することには難しさがある。しかしながら，す
べての子どもが身につけたい力には共通のものがあると考え，その初期段階
の目標や内容を，障害のない子どもとの連続性で検討することは大きな意義
がある。

　そこで，ここでは人とのつながりに関わる国語を基本として，Sスケール
の枠組みを活用して，重症心身障害の子どもの実態把握を試みる。

　そのために，重症心身障害の子どもの実態把握の基本的な枠組みであるS
スケールとチェックリストの概要について取り上げる。ここでは，これらの
概要，特徴およびチェックリストを活用する上での留意事項について紹介す
る。

1.「学習到達度チェックリスト」の概要

　図2-1（10-11ページ）にチェックリストの一部とある子どものプロ
フィールを示した。縦の軸が発達の段階であり，本図ではスコア1からスコ

図2－1　学習到達度チェックリスト 2019

氏　名			
生年月日	年　月　日　生		男　女

スコア	段階意義	聞くこと	話すこと	読むこと	書くこと
18	言葉の理解、意図の理解と共有、要求の明確化、数量概念の形成、対象・事象の関係づけ	□聞いて5個ぐらいの言葉がわかる	□自分の要求を伝えるために「あけて」など5語ぐらい使える　□…的に指さ…	□大人が指さした方向を振り返って見る　□欲しい物があると要求するように大人の顔を見る　□他の子どものしぐさを見て真似をする	□積木を3つ重ねる　□「ちょうだい」と言われたほうにボールをころがす　□紙を丸める
12	言語指示への応答、相互的なやりとりの拡大、発語、数量への対応、活動と結果のつながりの理解、指の巧緻性、移…	□…「ちょう…　□「マン…で要求…		□大人と一緒に絵本のページをめくって見る　□大人が指さした方向を見る　□大人の視線を追って物を見る	□「ちょうだい」と言うと持っている物を渡す　□左右斜め等になぐり描きをする　□親指と人差し指で物をつかむ
8	言葉への応答、物を介したやりとりの芽生え、音声や身振りによる働きかけ、数量への注目、活動と結果のつながりへの気づき、探索的操作、姿勢の保持・変換	□名前を呼ばれると振り返ってこちらを見る　□「ちょうだい」のふり身振りで、物を差し出そうとする　□「こっちだよ」と声をかけるとこちらを見る	□視線や声、からだ…したりして、相手…をひく　□顔をそむけたり…けたりして、いや…　□手を伸ばして、…声を出して物を…	□すでに知っていることに…を向ける　□大…の働きかけに、「アーバウー」と声を出し対応する　□働きかけに表情を変えて対応する	□目の前のおもちゃに手を伸ばしつかむ　□握らせるとガラガラ等を振る　□…れたタオル等を取る
6			□…知っていることに…　□…の働きかけに…　□働きかけに表情を変えて対応する	□おもちゃを口に持っていきながら見る　□180度、見て物を追う　□おもちゃの車や転がるボールを目で追う	□目の前のおもちゃに手を伸ばしつかむ　□握らせるとガラガラ等を振る　□…れたタオル等を取る
4	他者への注意と反応、発声、注意の持続、界を志向した手指動作、頭部の操作	□あやされると笑う　□声をかけられると表情で応じる　□特定の声によく反応する	□名前を呼ばれると応じる　□「アー」「オー」「ウー」など声を出す　□親しい人やおもちゃなどに向かって、声を出す又は手を伸ばす	□親しい人に微笑むなど視線に注意を集中して見る　□母親や身近な人に反応し見つづける　□画面などを見つづける	□手に触れたものをつかむ　□抱っこしようとすると身構える　□親しい人へ手を伸ばす
2	外界の探索と注意の焦点化、自発運動	□音がすると動きを止める　□音や声のするほうに顔の方向を変える	□働きかけられると微笑む　□手をわずかに動かす　□…泣く	□人の顔を3秒ほど見る　□物を3秒ほど見る　□おもちゃを差し出すとそ…	□腕や手足を動かす　□手が口に動く　□からだを伸ばす、そらす
1	外界の刺激や活動への遭遇、反射的反応				□からだを…　□…緊張…
スコア	段階意義	受止め・対応	表現・要求	見ること	操作
			＊は重複項目	国　語	

言葉への応答，物を介したやりとりの芽生え，音声や身振りによる働きかけ，数量への注目，活動と結果のつながりへの気づき，探索的操作，姿勢の保持・変換

□「ちょうだい」と言うと持っている物を渡す
□左右斜め等になぐり描きをする
□親指と人差し指で物をつかむ

○あやされると笑う
○声をかけられると表情で応じる
○特定の声によく反応する

外界の探索と注意の焦点化，自発運動

※人の顔を3秒ほど見る
※物を3秒ほど見る
※おもちゃを差し出すとそれを見る

◎本チェックリストは，ダウンロード可能（本書●ページ参照）。

第2章 「Sスケール」と「学習到達度チェックリスト」の概要　11

2章

| 実態把握年月日 | 1） 　年　　月　　日 （　　歳　　カ月 ）評価者氏名 （　　　　　　） |
| | 2） 　年　　月　　日 （　　歳　　カ月 ）評価者氏名 （　　　　　　） |

数と計算	量と測定	図形	生　活	運動・動作
□ 提示された物（果物等）と同じ物を選ぶ	□ 「少し」と「たくさん」がわかる	□ 大・小の物をマッチングする	□ 親の後追いをする	□ 1～2歩あるく
□ 「ひとつだけ」がわかる	□ ゆっくりや止まるなど大人の行動に合わせる	□ 物を重ねたり、積み上げたりする	□ ほめられると繰り返す	□ 座った姿勢から立ちあがる
□ 「外に行くよ」で、靴を履こうとする	□ 大人の援助で「全部入れる・出す」を行う	□ 見本と同じ形を選ぶ		□ ぐるぐると丸を書く
□ 挨拶の後に食べるなど、順番に合わせて行動する	□ コップの飲み物が増えるに注目する	□ 積み木を2つ横に並べる	■ひとりで座る ■物を持ちかえる ○腹這いで体を動かす	□ つかまって立ったりしゃがんだりする
□ 2つの物で「こっちょうだい」に応じる	□ 大きいほうのケーキを選ぶ	□ カップに玉を入れたり、出したりする		□ つたい這いやずり這いなどをする
□ 2つのコップから隠したものを見つける	□ よく知っている歌やリズムのテンポの変化に表情を変える	□ はめ板で○を合わせようとする	□ おもちゃ等を取られると不快を示す	□ びんのふたなど、ふたをあける
□ 目の前で隠されたものを探す	□ 2つの物からお気に入りの物を選ぶ	□ 大人の援助でおもちゃをカップに入れたり出したりする	□ 手さしや指さしをする	□ ひとりで座る
□ 「こっちとこっち」と物を示すとそれらを見る	□ ジュースがなくなったことがわかる	□ 物を別の物に乗せようとする	□ 両手で物を操作する	□ 物を持ちかえる
□ 遊びや歌が終わると、やってという行動を示す（要求する）	□ ふくらむ風船に注目する	□ お座りでからだの前や横の物をとろうとする	□ 他の人の物をほしがる	□ 腹這いで体を動かす
□ 手に持った物を口に持っていく、見る			□ おかしなどを自分で食べる	□ 寝返りをする
□ 積んだ小さなもので遊ぶ			□ コップから飲む	□ 手を伸ばして物をつかむ
□ ガラガラを叩く			□ 親しみと怒った顔がわかる	□ 両手で物をつかむ
□ 物に手を伸ばす			□ スプーンから飲む	□ 首がすわる
□ 持たせると物をもつ			□ 人に微笑みかける	□ おもちゃをつかむ
	※明るさや色の変化に驚く* ○動かされることに驚く* ○突然の音や光に，緊張して身構える*		□ あやされると声を出して笑う	□ 物を見て、そこに手を伸ばす
			□ 顔に布などをかけられると不快を示す	□ 腹這いで頭を動かす
			○スプーンから物を飲む △人に微笑みかける ○あやされると声を出して笑う	
□ 目の前の物に焦点が合うと注視する				
□ 明るさや光の変化に驚く*			□ 物や人の顔などを見る	□ 触れたら反応する
□ 動かされることに驚く*			□ 音に動きを止める	□ 手に指を入れるとギュッと握る
□ 突然の音や光に、緊張して身構える*				

外界の知覚認知
算　数

| | 生　活 | 運動・動作 |

©Yutaka Tokunaga, 2019.

ア18までとなっている（さらにスコア24以上の項目もあるが，ここでは掲載を割愛する）。スコアはおおよそ月齢に該当する。このスコアの各段階について，その発達段階の特性や特徴，すなわち発達段階の意義（以下，「段階意義」）が記されている。例えば，スコア2の段階意義は「外界の探索と注意の焦点化，自発運動」となっている。

　横の軸が，「つけたい力」をみていく視点である。教科の中で基本的なものとして「国語」「算数」を位置づけた。「生活」と「運動・動作」については，子どもの発達の概要を把握するためのものである。

　つけたい力のまとまり，例えば国語の「聞くこと」で，スコア4の欄（以下，「セル」）には，代表となる行動として，「あやされると笑う」「声をかけられると表情で応じる」「特定の声によく反応する」の3つの行動項目が記載されている。対象となる子どもにおいてこれらの行動が生起するのか否かを検討し評価する。

(1)Sスケールとは

　国語などの教科の視点を軸に，生後1カ月以降の行動を手がかりとした尺度である。図2-1の横軸である教科・まとまりと，縦軸である発達段階・スコアの枠組を意味する。教科（Subject）の視点を活用した尺度という意味で「Sスケール」とした。チェックリストは，この尺度を基礎に構成された行動項目の一覧である。

(2)つけたい力の要素をみていく観点

　チェックリストでは，「国語」「算数」を基礎となる教科としている。国語は「聞くこと」「話すこと」「読むこと」「書くこと」がまとまりである。発達段階が1歳未満の場合には，それぞれを「受止め・対応」「表現・要求」「見ること」「操作」と理解しやすいように併記している。

　算数の発達初期は，外界をどう受け止め，知覚・認知するかの水準であり，スコア6まではまとまりを区別しないで，「外界の知覚認知」とした。スコア8から，「数と計算」「量と測定」「図形」に分けた。「数と計算」は「数の大小または対応」「個数や順番の理解」であり，「量と測定」は「大きさの比較，長さ，面積」につながり，「図形」は「形の理解，図形の弁別」につな

がるものである。

(3)発達の段階について

　スコアとは，誕生後の月齢に該当するものである。乳幼児の成長発達を踏まえて，基本となる発達の段階を構成した（表2-1）。

　これは，子どもが外界や他者をどのように理解するかの基本的な特性や特徴である。図2-1には示していないが，スコア24以上は，保育所保育指針や幼稚園教育要領の段階を参考にした（文献1，2）。障害が重いことに対応することを考えて，1歳半程度までの段階をスコア1からスコア18までの7段階とした。そのさらに上の段階として，スコア24からスコア60までを4段階とし，合わせて全11段階とした。このスコア60から上は，小学校1年生段階以上の行動項目につながる。

(4)各セルの行動項目について

　発達段階に応じて各セルに記載されている行動項目については，遠城寺式・乳幼児分析的発達検査やイギリスの改訂版Pスケール（文献3），その他の発達検査を参考にした。改訂を重ねながら，行動が教科のまとまりとし

表2-1　各スコアでの発達段階の意義

スコア	発達段階の意義
18	言葉の理解，意図の理解と共有，要求の明確化，数量概念の形成，対象・事象の関係づけ
12	言語指示への応答，相互的なやりとりの拡大，発語，数量への対応，活動と結果のつながりの理解，手指の巧緻性，移動
8	言葉への応答，物を介したやりとりの芽生え，音声や身振りによる働きかけ，数量への注目，活動と結果のつながりへの気づき，探索的操作，姿勢の保持・変換
6	やりとりや行動の理解と予測，音声や表情による対応や模倣，注意の追従，物の単純な操作，体幹の操作
4	他者への注意と反応，発声，注意の持続，外界を志向した手指動作，頭部の操作
2	外界の探索と注意の焦点化，自発運動
1	外界の刺激や活動への遭遇，反射的反応

14

て妥当か否か，発達の段階として適切か否かの検討を重ねた。

　なお，他者との関わりについての重要な発達現象に，「共同注意（Joint Attention）」がある。これは，スコア18の段階意義にある「意図の理解と共有」の基本となる行動である。この共同注意が成立するまでの乳幼児の他者・対象理解である二項関係（dyad）および三項関係（triad）形成に関する行動としては，大神の「他者への発声・関心」「名前への反応」「身体接触への反応」「やりとり遊び」などを含む「共同注意関連の30項目」を参考にした（文献4，5，6）。

(5)「聞くこと」「話すこと」に関する行動

　表2-2は，「聞くこと」「話すこと」の各まとまりについて，それぞれの発達段階における代表的な行動を示した。スコア1の反射的反応としては「大きな音にびっくりする」「声を出して泣く」，スコア4の他者への注意と反応としては「あやされると笑う」「『アー』『オー』『ウー』など声を出す」，スコア8の音声や身振りによる働きかけとしては「『ちょうだい』の身振りで，物を差し出そうとする」「手を伸ばして，『アー』と声を出して物を欲しがる」がある。これらの行動項目を手がかりにその段階を達成しているか，

表2-2　「聞くこと」「話すこと」の段階的な行動例

スコア	「聞くこと」に関する行動 （代表例）	スコア	「話すこと」に関する行動 （代表例）
18	これからお話があるから，と言うと聞く姿勢になる	18	「自分でする」と要求する
12	自分の名前を呼ばれると，返事をする	12	欲しい物を指さしで要求する
8	「ちょうだい」の身振りで，物を差し出そうとする	8	手を伸ばして，「アー」と声を出して物を欲しがる
6	「1，2の3」で，3の前に期待する表情をする	6	大人の働きかけに，「アー」「ウー」と声を出し対応する
4	あやされると笑う	4	「アー」「オー」「ウー」など声を出す
2	音がすると動きを止める	2	むずかるように泣く
1	大きな音にびっくりする	1	声を出して泣く

否かを検討することになる。

2．チェックリストについての留意事項

　チェックリストを活用した子ども実態把握などの評価にあたって，次の点の考慮が必要となる。

⑴項目の記述は代表例である

　チェックリストのそれぞれのセルに示された行動は，そのまとまり・段階における行動をみた場合の「代表となる行動」の例である。表2-1のスコア4の段階意義は「他者への注意と反応」である。この具体例が代表となる行動であり，図2-1の「聞くこと」では「あやされると笑う」「声をかけられると表情で応じる」と例示されている。

　あるまとまり・段階の代表となる行動ということは，段階意義を踏まえると，候補となる行動は代表例以外にもあり，そのまとまり・段階に含まれる多くの行動が想定される。

　言い換えると，代表となる行動は段階意義を検討する際の手がかりとなる行動であり，より重要なことは段階意義を達成しているか否かになる。その意味では，代表例にとらわれることなく段階意義を理解し，判断することが大切になる。

⑵障害のために活動に制限がある場合

　障害の重い子どもは重複した障害になる場合も多く，目が不自由な場合や手指の操作が困難な場合がある。それぞれのまとまり・段階の行動項目は，このような活動の制限を考慮して選択されていない。聴覚障害の場合には，聞くことに関連する項目についての評価は困難で妥当ではないし，また手指の操作が難しい場合には，「書くこと」のスコア4にある「手に触れた物をつかむ」という行動は妥当ではない。このような場合は，それを代替する行動を検討することが必要になる。

　このチェックリストの基本的な発想は，「視覚情報や聴覚情報の活用および手指操作に障害があったとしても，子どもが『もの』や『人』に関わるた

めの認知の発達段階は同じ構造である」と考えている。ただ，活動に制限が
あり，生起する行動の種類や特性が異なるだけである。

　例えば，見ることが難しくても，人と共同して活動できるのは，相手の意
図や気持ちの理解が成立しているからである。ただ，その段階に至るための
行動が障害の特性を反映するだけ，と考えている。

⑶支援を含めた評価・目標設定

　学習評価および目標設定においては，支援を含めた段階的な把握や設定が
重要となる。チェックリストの項目の記述は，働きかけを踏まえながら「独
りで」その行動が可能かという記述になっている。詳細な実態把握や評価，
目標を検討する際には，具体的な支援の程度を含めて記述していくことが必
要となる。

⑷共有したい最低限の枠組

　Ｓスケールとチェックリストおよびスコアは，子どもの実態把握や目標設
定に際して，教員や関係者で必要不可欠な共通理解を提供するものである。

　このＳスケールとチェックリストは最低限の枠組みである。これだけで授
業づくりをすることはできない。ツールのひとつにしか過ぎず，他の実態把
握や授業として実現したいことを含めて，ダイナミックなおもしろみがある
授業が大切になる。この点については，教員の創造力と経験が重要なものに
なる。これらのツールは，あくまでもそのような授業においてこれだけは把
握しておきたいポイントを提供するだけである。

　さらに行動項目を手がかりに，目標として設定した行動が生起することだ
けを目指してはいけない。特定の行動についての指導ではなく，その行動を
含んだ活動を工夫して，目標とした行動につながる段階意義の獲得，「発達
の力」を高めることが重要になる。そうすることで，異なる場面や異なる文
脈においてその行動が出現しやすくなる。

　また，チェックリストを活用して授業づくりに取り組むと，この行動項目
では粗すぎて，細やかなところでそのまま活用できない場合が生じる。1枚
の用紙で，子どもの学びの概要について6年間または12年間の内容を大枠で
把握し，学びの方向と現在の状況を理解することを重視しているためである。

それぞれの段階の詳細な項目などは，教員の専門性を生かして補うことが必要になる。

これらの点を踏まえつつ，実態把握や目標設定に，発達を踏まえた教科の視点は大切であり，チェックリストは，その取組みを支えるツールとなっている。

3．チェックリストの活用

(1)チェックリストの記入欄

チェックリストに書き込む欄がいくつかあり，氏名，生年月日，実態把握の年月日および評価者氏名（代表者）を記入する。1回だけでなく，期間をおいて複数回で評価することもある。手書きでチェックリストを記入する場合には，記入する色などを変えるように工夫する。例えば，達成した項目について，1回目には赤色で記入し，2回目は青色で記入することで，学習の進み具合（学びの履歴，tracking progress）が確認できる。

(2)実態把握および診断的・総括的評価として

子どもの学びの状況を把握するために，授業の前提となる実態把握（診断的評価）を行う。この評価については引き継ぎの資料がある場合もあるので，その確認を行う。また，特定期間における授業の成果を把握するために，どの行動が変化し，どの行動が変化していないのかについて総括的な評価を行う場合もある。

(3)まとまりおよび段階のセル（○，■，△，※）の記入

発達の程度に応じて，適切と考えられるチェックリストの欄（以下，「セル」）から開始する。

セルにある行動は「代表となる行動」であり，この行動が生起し観察されているのであればチェック欄の「□」を「○」に，著しく困難であれば「■」に，部分的に可能であれば「△」に変更する。この判断の詳細は次のものである。

○か△の基準は，7割程度の行動形成か否かとする。7割以上であれば○，

7割未満で3割程度の行動が可であれば△とし，それ以下は■とする。△は芽生え的行動であり重要な指導目標のヒントになる。

また，発声の困難さ，手指操作に困難さがあって，項目そのものが評価困難であり妥当でない場合は※とする。このように障害によって活動に制限がある際には，「声で働きかける」は「手で触る（聴覚障害）」，「指さしする」は「視線で対象物を定位する（肢体不自由）」など，記載されている行動項目から想定され，同じ機能をはたす「代替となる行動」の項目を検討する必要が生じる。「代替となる行動」で達成の場合は○となる。

段階ごとのセルに各3個の代表となる行動の指標があることを基本としているので，「発達段階の意義」（以下，「段階意義」）を理解し，行動項目のみならず，その段階に含まれるであろう「類似する行動」を想定しながら，3個のうち2個以上の項目が○であれば，そのセルは達成と判断する。

なお，代表となる行動やその段階に含まれると推測される「類似する行動」を評価の手がかりとするが，より重要なのはその段階意義を獲得しているか否かである。よって，記述されている行動について，段階意義を踏まえて検討することが大切になる。

可能な項目を確認しながら，すべての項目が不可となったら，達成となった最後のセルの段階をそのスコアとする。そのスコアに印を付け，線でつなぐことでプロフィール（図2-1）とする。

場合によっては，達成となったセルに対して下のセルの特定の行動項目が可能とならない場合が生じることがある。さらには，達成となったセルに対して上のセルで可能な行動項目がある場合も生じる。なお，これらの行動項目については，それらの取扱いが重要であり，その要因を慎重に検討する。

【文献】

1) 厚生労働省（2017）「保育所保育指針」.
2) 文部科学省（2017）「幼稚園教育要領」.
3) Department for Education and Employment (2001) *Supporting the Target Setting Process (revised March 2001): Guidance for effective target setting for pupils with special educational needs.*
4) 山野留美子・大神英裕（1997）「乳幼児における共同注意行動の発達に関する研究」，『九州大学教育学部紀要』42（2），165–173.

5) 大神英裕 (2002)「共同注意行動の発達的起源」,『九州大学心理学研究』3, 29-39.
6) 大神英裕 (2008)「発達障害の早期支援」, ミネルヴァ書房.

第3章　学びの状況を捉える初期発達の理解

　重症心身障害の子どもとの授業実践を展開する上で，子どもの状態や学びの状況の把握，さらには学びの積み重ねをどのように考えればいいのだろうか。

　さまざまな考え方があるが，近年において急成長をしている「乳児の発達研究」を手がかりとして，子どもの実態や行動を把握していく立場がある（文献1，2）。

　重症心身障害児と，生後数カ月の乳児と，それぞれが体験している世界が同じとは考えられないが，何らかの手がかりがあるかもしれない。外界への気づきや他者への注意，物とのつながりなどを検討する際に，乳児の発達を手がかりとすることは臨床的に有意義であろう。

1．厳しい状態の子どもとの出会い

　筆者は研修の講師としてある特別支援学校を訪問した。「授業での子どもの様子を見て助言して欲しい」と依頼され，教室に案内された。案内されたのは，学校の教室ではなく，隣接する病院のベッドサイドであった。病室に6つのベッドがあり，それぞれに状態が厳しい子どもが横たわっていた。

　依頼してきた先生が，ベッドの子どものAに声をかけて，音楽に合わせて，掌や手首，腕をさすって働きかけていた。Aは手を動かすこともなく，うっすらと目は開いていた。特に表情も変えることなく，先生の働きかけを受けていた。

　先生の相談は，「毎回の授業で，このように音楽をかけ，声かけをしながら，身体を触って，動かしています。働きかけながら，Aの様子を観察していますが，表情を変えることも，目を動かすことも，瞬きをすることもあり

ません。どのように捉えていけばいいのでしょうか」というものだった。

(1)Sスケールの行動項目から

　Sスケールにおけるスコア1（月齢1カ月程度）の段階意義は、「外界の刺激や活動への遭遇，反射的反応」であり，その段階の行動項目を手がかりとする。しかしながら，目を動かすことや「瞬き」さえない状況では，該当する行動項目がない。Aが示すわずかな行動の変化には何があるのだろうか。

(2)呼吸の変化は

　重症心身障害の子どもの実態把握として，脳波や心拍反応を指標とする試みもある。しかし，生理的指標は，その子どもの心的状態，言い換えると「体験世界」を推測する際には，あまり役に立たない。確かに，興味が高まると心拍数が増加することがあるかもしれないが，子どもの心的状態を推測する手がかりとしては弱い。それに対して，呼吸の様子は，「ため息」だったり「息をのむ」だったり，心拍反応よりは，その子どもの状態把握に役に立つ指標である。

　そこで，「先生の働きかけで，また姿勢を変えたりした際に，Aの呼吸の様子，呼吸の速さなどは変わることがありますか」と尋ねた。

　先生は，少し申し訳なさそうに，「呼吸の様子や速さは変わりません」と答えた。そして，「呼吸については，人工呼吸器を装着しています」とのことだった。

　そのような中で，Aの目の動きや瞬きなど，わずかな変化を求めて，声をかけ，働きかける先生に対して，心の中で「すごい仕事だな」とつぶやきベッドサイドを離れるしかなかった。

　ここまで障害が厳しい子どもと出会うことは少ないが，わずかな表情の変化や目の動き，手の動きしか示さない子どもをどのように理解していけばいいのだろうか。

2．大枠の発達の筋道

　重症心身障害の場合，教師は子どもの外界への注意，人や物とのつながり，

人とのやりとりを形成し，物を介したやりとりの活動が高まるように，授業を展開していく。その際，田中（文献3）は，その大枠として発達の筋道のキーワードを表3-1のようにまとめている。

表3-1 発達の筋道のキーワード

①注意の制御
②社会性・コミュニケーション行動
③物の理解と操作
④身体の操作

まず，すべての発達的起点は，①「注意の制御」である。それを起点として，②「社会性・コミュニケーション行動」，③「物の理解と操作」，そして④「身体の操作」が高まっていくとしている。

②「社会性・コミュニケーション行動」には，社会的行動，発語，言語理解の発達系統が含まれる。また，③「物の理解と操作」には，対象理解と微細運動の発達系統がそれぞれ含まれるとされている。そして，それらのつながりと発達の領域との関係，系統を図3-1のように示している（文献3）。

重症心身障害の子どもと活動する際には，生後4カ月（図中のスコア4）までの乳児の発達をどのように理解し，実態把握に活用していくかが重要になる。その意味では，この注意の制御に関連する行動や，その基礎となる力をどうみていくかが大切になる。

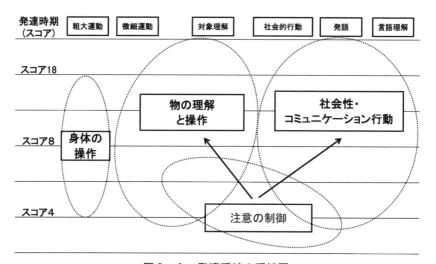

図3-1 発達系統の系統図

3. Sスケールと発達段階の意義，発達レベルの要素

　障害が重度で，表出や表現が微弱である子どもの実態把握に活用されているツールに「Sスケール」(文献4)がある。Sスケールを活用して，人とのつながりに関わる国語，物とのつながりに関わる算数，これらの教科の視点で，子どもの学びの状況把握，実態把握を行う。

(1)発達段階の意義

　このSスケールの発達的視点における理論的基盤が，田中(文献3)の発達段階の意義(以下「段階意義」)である。この段階意義は，各段階(月齢，スコア)における発達的特徴や意味を記載したものである。そして，図3-2に示す「段階意義の系統図　2019」を提案している。段階意義の系統図は，各段階意義がどのような発達の系統に含まれるのか，またSスケールによる行動項目の一覧である「学習到達度チェックリスト」内の個々の行動項目がどの段階意義と対応するのかを説明するものである。

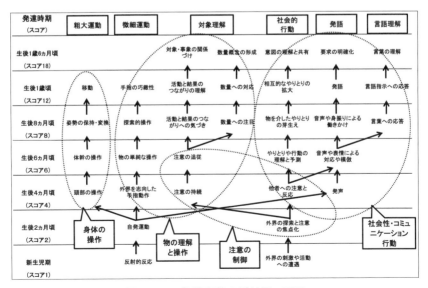

図3-2　段階意義の系統図　2019

(2) スコア1やスコア2の段階意義

　前節で重症心身障害の場合は，生後4カ月，スコア4までの発達をどう理解するかが重要と述べた。スコア1の段階意義は，「外界の刺激や活動への遭遇」と「反射的反応」となっている。

　外界の刺激や活動への遭遇とは，外界における刺激やその変化，活動に出会う体験で，主として受動的なものである。光や音，抱っこなどの身体接触に出会い，反応したり身構えたりする。反射的反応とは，見たり，聞いたり，触られたりすることで，驚いたり，緊張したりなど，瞬間的に反応することを意味する。

　また，スコア2の段階意義は，「外界の探索と注意の焦点化」「自発運動」である。

　外界の探索と注意の焦点化とは，見たり聞いたりすることが主で，外界を探索し，対象に注意を焦点化することである。この場合の探索は，「何だろう」と外界の変化に気づき，注意を向ける程度のものである。数秒ではあるが外界への主体的なかかわりの芽生えである。

　自発運動とは，手足が動く，または若干だが動かすなどである。しかし動きで何かをしようとする目的的な動きではない。

(3) スコア4の段階意義

　さらに，スコア4の段階意義は，「注意の持続」を土台に，「他者への注意と反応」「発声」であり，「外界を志向した手指動作」「頭部の操作」となっている。

　注意の持続とは，注意の焦点化が高まり，探索的に大人や物に注意を向け続けることを意味し，大人や物とのやりとりの土台となるものである。

　他者への注意と反応とは，積極的に働きかけてくる大人に注意を向け，動きや声などで応じることを意味する。発声とは，表情や動きに加えて，声を出す行動のことである。この時期には，人への反応や応答が広がってくる。

　外界を志向した手指動作とは，差し出された物に手を伸ばしたりおもちゃをつかんだりなど，わずかな目的的な手指の動きのことである。頭部の操作とは，首がすわるなど，自らの姿勢を保持しようとする動きを意味する。

　なお，本書では，より発達初期の行動を検討していく視点が必要になった

第3章　学びの状況を捉える初期発達の理解　25

ために，この段階意義に類似するが異なるものとして「発達レベルの要素」（詳しくは42ページ）を位置づけ，重症心身障害の子どもの実態把握に活用する。これについては，第4章「受止め・対応リスト」で，詳しく説明する。

4．スコア1やスコア2に留まる子どもの行動

　重症心身障害の子どもの状況を把握する場合は，この段階意義における初期発達の特性を検討することが必要になる。スコア（月齢に相当）1，2，4程度がその対象となるが，スコア1，2を達成していない場合がある。スコア4やスコア6程度になれば，人や物に注意を向け，それを持続することができ，教師との簡単なやりとりが成立するようになる。そうすれば，教材などを活用して，子どもが主体的に参加する授業が展開できる。

　それに対して，スコア1やスコア2に留まる子どもの行動を，どのように評価し，どう授業をつくっていくかは難しいところがある。

　スコア1の段階意義は「外界の刺激や活動への遭遇」「反射的反応」であり，この段階の行動をどのように理解していけばいいのであろうか。また，その実態把握や学習評価を可能とするためには，何が必要であろうか。

　結論から言えば，目覚めている程度を確認する「覚醒」，および外界に対して意識を働かせる「注意の芽生え・外界への指向」の程度を確認する視点が必要になる。

5．覚醒と注意の芽生え，外界への指向性とは

　再度スコア1とスコア2の段階意義の系統図（図3-2）を確認するとともに，その概要（表3-2）を理解して，足りない部分はどこなのか，どのような視点が必要なのかを検討する。

表3-2　スコア1とスコア2の概要

スコア1：
　外界の刺激や活動，それらの変化に出会う，遭遇する段階
スコア2：
　見たり聞いたりすることで，外界を探索し注意を焦点化する段階

(1)スコア1とスコア2

スコア1は，視覚などの感覚を通して，外界の刺激や活動，それらの変化に出会う，遭遇する段階である。例えば，「光や音などの外界の変化に反応する」，あるいは「抱っこや授乳などの活動に反射的に応じる」といった行動である。スコア2は，主となるのは，見たり聞いたりすることで，「外界の探索と注意の焦点化」の段階である。この場合の探索は，「何だろう」と外界の変化に気づき，注意を向ける程度のものである。例えば，「音が鳴ったり，物が動いたりするとそれに気づき，興味を示す」，などである。

(2)より詳細にみる視点として

筆者の臨床経験を振り返ると，子どもを抱っこして揺すっても反応が乏しかったり，一緒に腕を動かしても，子どもがそのことに注意を向けている様子が曖昧だったりしたことがある。

また，目の前におもちゃを呈示しても，それを捉えているか否かの判断が難しい場合がある。また，呈示して働きかけても，目を閉じて活動が継続できない場合がある。時には，そのまま目を開けず，眠ってしまう場合もある。

これらの状況をより詳細に捉えていくには，何が必要であろうか。恐らく，視覚などで外界を捉える「準備状態」や子どもが「行動する前の状況」を確認することである。

つまり，乳児の定型発達を基礎にする点は変わりないが，初期段階の発達をより詳細にみていくことが必要になる。具体的には，表3-3に示すような「目覚めている程度」である「覚醒」と，外界に意識・気持ちを働かせている「注意の芽生え」「外界への指向」，つまり外界に気持ちを向けている（注意が芽生え，対象に注意を向け始めている）状況やその注意の程度で段階的に捉えていくことが必要になる。

表3-3　必要となるキーワード

覚醒：目覚めている程度，心の活動が動き出す程度

注意の芽生え：外界に意識・気持ちを働かせている程度

外界への指向：意識や注意を，ある領域や対象に向ける（orienting）こと

第3章　学びの状況を捉える初期発達の理解　27

(3)行動の準備状態のイメージ

　障害が重度な，いわゆる重症心身障害の子どもに関わる大人の作業は，子どもが外界をどのように捉えているのか，その体験世界を推測していくことと考えられる。子どもが示すわずかな行動の変化から，子どもが体験している世界は，こうかな，こうかもしれないとイメージしていく作業になる。大人には，大人の視点でなく子どもの視点で，子どもが捉えている人や物の世界を構築していくことが求められる。

①こころのサーチライト

　状態が厳しい子どもが外界を探る状況を理解していく場合に，「心のサーチライト」という比喩を用いてみよう。眠っている状況は，サーチライトが機能しない暗闇の世界である。言い替えると，深い海底で潜水調査艦が自らのライトで外界を探索するイメージである。最初はライトを当てるというより，漠然と外界を照らす状況であるが，すぐに領域を限定してライトを当てるようになる。外界を探るという場合には，主としては視覚であるが，それが難しい場合には，聴覚や触覚を活用する場合もある。

　目が覚めて外界を探る状況については，表3-4に示すように，①漠然と外界にライト（注意）を照らしているか（覚醒しているか）であり，それが前提となって，②ライトを外や内に向けられるか（注意の芽生え），③ライトを外界に向けられるか（外界への指向はあるか），④外界の対象を捉えられるか（探索と注意の焦点化）などが考えられる。

　なお，「注意の芽生え」とは，気持ちや注意を外や内に向けることである。それに対して，「外界への指向」とは，気持ちや注意を自己の内側に留めず，何かを捉えようと外に向かわせることである。また，外界への「指向」は，意識や注意を，ある領域や対象に向ける（orienting）ことを意味する。なお「健康志向の生活」など，その領域への関心が向かう

表3-4　外界を探る，ライトの段階

1．漠然と外界にライト（注意）を照らしているか（覚醒しているか）
2．ライトを外や内に向けられるか（注意の芽生え）
3．ライトを外界に向けられるか（外界への指向はあるか）
4．外界の対象を捉えられるか（探索と注意の焦点化）

「志向（intention）」とは異なるので区別が必要になる。

これらの力について，「注意の持続」や「他者への注意と反応」までの各段階がどのようにつながるのかの整理が必要になる。

②覚醒について

重症心身障害で，その状態が厳しい場合，覚醒し目覚めていることが難しい場合がある。わずかに覚醒することも，その子どもの重要な力とみていく（徳永，2019ｂ）。

この覚醒については，授業中など，覚醒していてほしい時間の覚醒状態を確認する。子どもの行動としては，「多くは覚醒していない」「半分ほど覚醒している」「多くは覚醒している」の段階があり，授業中比較的に覚醒しているのであれば，スコア1となる（表3-5）。その際に，大人の働きかけがある状況で，どの程度で子どもが覚醒するかについても確認する。

覚醒していることは，「心の活動」が目覚める，動き出す前提であり，覚醒が低下することは，「心の活動」が静まる，停止することを意味する。

表3-5　覚醒の程度

○スコア1以下
1. 多くは覚醒していない
2. 半分ほど覚醒している
○スコア1
3. 多くは覚醒している

なお，障害が厳しい場合には，この覚醒の程度をどう判断するのか難しいことがある。一般的に目覚めている状態とは，開眼し，周囲からの働きかけにどの程度で応じるかで判断が可能である。しかしながら，障害が厳しい場合に，外界の受止めやそれへの対応が微弱なことが多く，これらの程度が手がかりとならない場合がある。判断が難しい場合は，一般的に覚醒時の心拍数は100程度，睡眠時の心拍数は70程度であり，心拍数などを手がかりとして判断することも方法のひとつと考えられる。

③注意の芽生え・外界への指向

覚醒の状況，意識が働く前提を確認して，次はどのように意識を働かせているかを表3-6の視点で検討する。

言い換えれば，覚醒しているか（心のサーチライトを照らしているか）を

土台として，わずかに照らすことができるか（スコア0.5），しっかり照らすことができるか（スコア1）について評価することである。

目は開けているものの，外界を指向する様子は少なく，覚醒しているか否か，を判断する手がかりが少ない場合がある。この状況は，段階とするとスコアL（詳細は次章）とスコア0.5の間ではないかと考えられる。

表3－6　意識を働かせている程度

1．スコアL：覚醒している時間があまりない，ライト（注意）が機能する時間が少ない
2．スコア0.5：わずかにライトを照らすことができるか
3．スコア1：しっかりライトを照らすことができるか

6．まとめとして

ここでは，重症心身障害を想定して，その実態把握のための新たな視点として，「覚醒」「注意の芽生え・外界への指向」「探索と注意の焦点化」の程度を把握することを提案した。このような視点を活用することで，重症心身障害の子どもの実態把握や学習評価が少し細やかになる。これらの視点が有効なのか，活用を含めて検討して，修正を積み重ねていくことが求められる。

より詳しくは，徳永（文献6）を参照されたい。

【文献】

1）徳永豊（2009）『重度・重複障害児の対人相互交渉における共同注意』慶應義塾大学出版会.

2）徳永豊（2019a）「学びの状況把握のための枠組みと，発達とのつながり」，徳永豊・田中信利（編著）『障害の重い子どもの発達理解ガイド　第2版』慶應義塾大学出版会

3）田中信利（2019）「Sスケールにおける発達段階の意義についての解説」，徳永豊・田中信利（編著）『障害の重い子どもの発達理解ガイド　第2版』慶應義塾大学出版会.

4）徳永豊（2014）『障害の重い子どもの目標設定ガイド——授業における「学習到達度チェックリスト」の活用』慶應義塾大学出版会.

5）徳永豊（2019b）「重症心身障害のある子どもの学習評価（1）——Sスケールの課題と覚醒の段階」，『肢体不自由教育』240，42-47.

6）徳永豊（2023）「重症心身障害のある子どもの実態把握，目標設定及び学習評価」，『福岡大学研究部論集B：社会科学編』13，1-16.

Column2

子どもにとっての覚醒

　生まれて間もない乳児は，昼夜の区別がなく眠りと授乳を繰り返す。その後に，母親を含めた環境からの働きかけで，睡眠に加えて覚醒している状態が出現する。子どもの発達として，昼間に「目を覚ますこと」の獲得ともいえる。その力を身につけることが発達的には重要である。

　この覚醒・意識の状態を評価する指標の一つに，「乳児用JCS（Japan coma scale）」（文献1）がある。これは，病院の救急外来などで，小児の意識障害を評価するものである。これを参考に，子どもの覚醒を評価する項目を整理した。

　まず，大人の働きかけがない状況で，どの程度で覚醒しているかを示す段階である。授業中など，覚醒していて欲しい時間の覚醒状態を確認する。子どもの行動としては，「多くは覚醒している」「半分ほど覚醒している」「多くは覚醒していない」の段階であり，授業中に比較的に覚醒しているのであれば，スコア1となる。

　次に，大人の働きかけがある状況で，どの程度で子どもが覚醒しているかの段階である。大人の働きかけの程度として，子どもの体を揺り動かす，揺さぶるなどの「強い働きかけ」があり，また名前を呼びかけるなどの「わずかな働きかけ」が考えられる。それらの働きかけに子どもがどう応答するかで判断する。それぞれで，対応する覚醒の程度が3段階であり，それらを組み合わせて，覚醒の程度を決める。

【文献】

1）長村敏生（2012）「意識障害」，『小児内科』44，438-441.

第4章　体験世界を推測する「卵モデル」と子ども理解

　重症心身障害の場合，子どもの実態把握の重要な方法は，教師の働きかけに，子どもがどう応じるかをよく見ることである（表4-1）。

表4-1　働きかけながらの実態把握

教師は子どもに声をかけ，手に触り，わずかに動かすなど働きかけを工夫しつつ，それに対して，子どもが瞬きやまなざし，表情の変化，わずかな動きでどのように応じるのかを把握する。

　例えば，教師が子どもに声をかけ，手に触り，わずかに動かすなどしたとき，それらの働きかけを，子どもがどのように受け止めるのか，そしてそれに対応する何らかの行動が，瞬きやまなざし，表情の変化，わずかな動きといったかたちでどのように示されるのか。それらを教師が適切に捉えることが，実態把握では大切になる。

　つまり，教師の働きかけがないところでは，子どもの行動の変化は少ない。そのため，教師は働きかけを工夫しつつ，子どもがそれを受け止め，対応する様子を把握することが重要である。それによって，子どもの外界への注意や気づき，人や物とのつながりの状況を理解できるようになる。そうした取組みによって，子どもの視点で，子どもの外界への注意や気づき，体験を，教師が構成していくことになる。

1．卵のモデル図（「卵モデル」）

　図4-1は，乳児が半月（スコア0.5）の頃の状況を，教師が理解するためのモデル図（「卵モデル」）である。

図4-1　教師が理解するための卵の
モデル（スコア0.5）

卵が子どもを表し，その乳児が外界からの働きかけにどのように注意を向け，受け止めるか，その活動をイメージしたものである。

卵は子どもが活動し様々な体験をする主体であり，卵の外側が大人を含む外界である。

外界から「卵に向かう実線の矢印」は，大人の声かけを含む外界からの働きかけであり，大人が触れる，動かす，微笑む，声をかけるなどの行動を示す。

それに対して卵の中から「外界に向かう矢印」（図4-2など）は，子どもの反応など，外界の受止めや反応行動，自発行動を示す。

2．このモデルの特徴――共感的視点

このモデルにおいては，子どもの体験を推測しながら，子どもが体験していることを「言葉」にしている。授業で子どもと一緒に活動しながら子どもの体験を「言葉」にしてみることが重要である。

その意味でこのモデルは，子どもが外界に注意を向け，やりとりを芽生えさせるまでの子どもの「体験モデル」ともいえる。体験モデルとは，教師が子どもの行動を客観的にどのように捉えるかに留まらず，その行動を示す子どもの内面に視点を向け，やりとりの成り立ちを検討する「教師のための臨

表4-2　教師のための臨床的アプローチ

教師が子どもの行動を客観的にどのように捉えるかに留まらず，その行動を示す子どもの内面に視点を向け，やりとりの成り立ちを検討する。

床的アプローチ」である（表4-2）（文献1）。

　子どもが，外界からの働きかけを受け止めることが難しかったり，受け止めることが芽生えたり，しっかり受け止めたりするようになる過程を示している。さらに，働きかけに子どもが反応したり，働きかえしたり，対応したりする過程も示している。

　外界からの働きかけを子どもがどのように受止め・対応するかについての説明である。

　筆者自身の立場は，スターン（文献1）に強い影響を受けている。基本的には，実験的・実証的な発達研究を土台としながらも，臨床的にその子に関わる教師が，推論による飛躍を通して，その子どもの主観的体験を構成していく方法である。

　スターンは，そのような関わりから構成される乳児を，「臨床乳児（clinical infant）」としている。ここでは，重症心身障害のある「臨床児童生徒（clinical student）」を構成することが，その子どもとの授業を展開する上では欠かすことができないと考えている。

　その「臨床児童生徒」を構成するために，子どもが示す具体的な行動を，どのように切り出し，その子どもの主観的体験を推測するかが，重症心身障害のある子どもの実態把握であり，学習評価と考えられる。

3．スコア0.5

　図4-1のスコア0.5では，外界からの働きかけについて，「どこから（上下左右）働きかけられているのかが，ぼんやりしている状況で，『なんだかノックされているかな……？』」と捉えている状況である。「外からノック」の段階といえる。

　この段階において，子どもは外界の変化を捉えようとしているが，それに対応する行動（外向きの矢印）はみられない。

　発達レベルの要素（「レベル要素」，詳細は42ページ）としては，「弱い注意の芽生え」「弱い反応行動」が該当し，働きかけへの気づきが芽生え，それにわずかに注意を向けていて，反応行動はあるが，明確でないと考えられる。「ノック，何か音がするみたいだな」が成り立つ段階である。

4．スコア1

図4-2　教師が理解するための卵のモデル（スコア1）

図4-2のスコア1では，外界からの働きかけについて，「『ここかな？』が少しわかってくる。少しだけ内からも自発的ではないが反応的な対応がみられる。ノックを受け止め，『おっと』と応じる」状況である。卵の中に閉じこもっているだけでなく，もぞもぞと動き出しているイメージである。

レベル要素としては，「注意の芽生え」で，外界からの働きかけへの気づきが確かになり，「反応行動」として，反射的に対応する段階と考えられる。

Sスケールまたは後に示す「受止め・対応リスト」の「発達段階の意義（段階意義）」でいえば，「外界の刺激や活動への遭遇」「反射的反応」であり，まだ自発的な行動は少ないと考えられる。「こっちからコンコン，音がするな」が成り立つ段階である。

5．スコア1.5

同じように，乳児が1カ月半（スコア1.5）の頃（図4-3），2カ月（スコア2）の頃（図4-4）の子どもの状況を，教師が理解するための卵のモデル図を示す。

スコア1.5では，外界からの働きかけを受け止め，それに気持ちを向けることができるようになる。そして，実際に自分で内から外界へ働きかけてみようとする。「受け止めたよ，トントン」と自発行動が芽生える段階である。

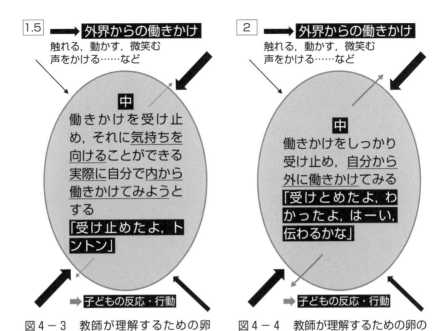

図4-3 教師が理解するための卵のモデル（スコア1.5）

図4-4 教師が理解するための卵のモデル（スコア2）

子どもが卵の薄膜の中で「動き始める」のがわかる段階である。

　レベル要素としては，気持ちを向けることが生じる「弱い注意の焦点化」であり，「反応行動」は確かなものとなり，「弱い自発行動」が芽生えると考えられる。「ノック，ちゃんと聞こえているよ，受け止めたよ」が成り立つようになる。

6．スコア2

　スコア2では，外界からの働きかけをしっかり受け止め，自分から外に働きかけるようになる。「受け止めたよ，わかったよ，はーい，伝わるかな」と，子どもが外界に手を伸ばし，つながりが芽生える段階である。レベル要素は，しっかりした対象への注意が可能となり「注意の焦点化」が成り立ち，「強い反応行動」と確かな「自発行動」がみられるようになる。

　段階意義は，「外界の探索と注意の焦点化」と「自発運動」である。「ノック，受け止めたよ，ここだよ，こっちのノック，伝わるかな」の段階である。

7．まとめとして

　ここでは，子どもへ働きかけながらの実態把握と臨床的なアプローチである共感的な視点の大事さを解説した。そして，発達初期の子どもの体験について，「卵モデル」を手がかりに，それぞれの発達段階の詳細を紹介した。

　子どもが教師の働きかけを受け止め，対応する様子を教師が把握することで，教師は子どもの外界への注意や気づき，人や物とのつながりの状況を理解していくことができる。

【文献】

1）スターン，D. N.（1989）『乳児の対人世界（理論編）』（神庭靖子ほか訳），岩崎学術出版社，

Column3

見ることについて

　子どもは，覚醒していて，注意が芽生え，外界の対象に注意を焦点化することで，外界の対象を捉える。これは子どもの視点からのものだが，さらにそれを観察している大人の視点から考えてみる。

　まず，子どもが対象に焦点化しているか否かは，目を動かして対象を見ているか，音がしたらそれまでの行動を止めるかなどの行動の変化から，大人が推測する。また，見ることや聞くことは，受動的な感覚・知覚の域を超えて，子どもの「主体的な行為」として理解することができる。つまり，子どもが見ているとき，「外界を捉える力」を働かせているということができる。

　「子どもは外界の対象を捉えている」ときは，観察している大人が「子どもが見ていること（注目）を了解している」事態である。「子どもが見ていることを大人が見ている」状態であり，そこには異なる意味が生じてくる。

　大人の作業は，子どもの心の状態を推測することである（文献１）。大人にとって，子どもが特定の対象を見ているということは，子どもの心にその対象が定位されていることと理解する。そして，「見ること」は，対象に言及する，対象を指示することに他ならない（視線の参照的機能）。したがって，見るという行動には，「外界を捉える」というイメージに加えて，指さすことと同じ「スポットライトを当てる」という活動的イメージが伴う。つまり「見ること」を，子どものより主体的な活動として大人が切り取り，取り上げ，子どもの対象への注意，興味・関心を読み取ることにつなげる必要がある。大人がこのように子どもの体験世界を推測することは，子どもへの働きかけを工夫する上で特に重要である。

　なお，大人が，「子どもが見ていることを了解している」という現象は，さらには「大人は子どもがみていることを了解していること」を，子どもがどう了解しているかにもつながる。これらの現象は，子どもと大人のつながりを理解する上では重要な手がかりとなる。

【文献】

1) スターン，D. N. (1992)『もし，赤ちゃんが日記を書いたら』（亀井よし子訳），草思社.

第5章 「受止め・対応リスト」とは

　ここでは，「覚醒」「注意の芽生え」「外界への指向」などの発達レベルの要素を特徴とする「Sスケールの外界の受止め・対応リスト」（以下「受止め・対応リスト」）を提案する。そして，「重症心身障害」の子どもの目標設定と学習評価についてどう活用すればよいかを検討する。

1．「受止め・対応リスト」とは

　重症心身障害の場合，多くの子どもは，段階意義（前掲図3-2）でいうスコア1やスコア2に留まる。なお，スコアとは発達の月齢にあたり，スコア4は生後4カ月の意味である。つまり，行動的には新生児，あるいは生後2カ月頃の段階である。ただし場合によっては，スコア4の行動が可能であり，人や物に注意を向け，その注意を持続することができるかもしれない。これらの子どもの実態把握や目標設定のために，Sスケールのスコア1，スコア2，スコア4の段階意義と行動項目を活用する（表5-1）。

表5-1　スコア1やスコア2，スコア4の段階意義

スコア1　「外界の刺激や活動との遭遇」「反射的反応」
スコア2　「外界の探索と注意の焦点化」「自発運動」
スコア4　「他者への注意と反応」「発声」「注意の持続」「外界を志向した手指動作」「頭部の操作」

　それでも，スコア1，スコア2，スコア4の3つの段階では，段階の幅が広く，重症心身障害の子どもの実態把握などのためには，手がかりとする情報に限界がある。
　そこで，新たな視点や発達の要素を盛り込んで，表5-2に示す「受止

め・対応リスト　2025」(Sスケール補助リスト) を作成した。

2. 受止め・対応リストの特徴

受止め・対応リストは、Sスケールの発達初期の構造を基礎に、以下のような視点を加えて作成した。

(1)段階の増設

これまでの段階と新たに位置づけた段階の構造を図5-1に示した。

まず、スコア1以下に、「スコアL」と「スコア0.5」を位置づけた。さらに、スコア1とスコア2の間に、「スコア1.5」を位置づけ、スコア2とスコア4の間に、「スコア3」を位置づけた。その結果、これまでスコア4までを「3段階」としていたものが、「7段階」に増えたことになる。

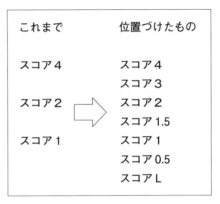

図5-1　段階の追加

発達の特徴を把握しこれらの段階を検討していくと、①スコア0.5を位置づけることに意味があるのかという意見や、②スコア3とスコア4を区別していくのは、発達の理解からすると難しいとする意見がある。

これらの意見を踏まえつつ、試行的に実態把握と目標設定を繰り返しながら、妥当性のあるリストになればと考えている。

(2)スコアLの意義

子どもの状態が本当に厳しい場合は、働きかけに対して、瞬きや目の動き、表情、呼吸の変化を、こちらが捉えることが難しい。

筆者自身の臨床経験でも、交通事故の後遺症が残った青年で、眼球の動きや表情の変化が見られない事例があり、働きかけに悩んだ。スコアLに留まる子どもは、重症心身障害や重度・重複障害といわれる子どものうち数パー

表5－2　受止め・対応リスト　2025（Sスケール補助リスト）

氏名（　　　　）　生年月日　　年　月　日　　1）　年　月　日（　歳　カ月）　評価者氏名（　　　　）
　　　　　　　　　　　　　　　　　　　　　　2）　年　月　日（　歳　カ月）　評価者氏名（　　　　）

スコア	段階意義 レベル要素	聞くこと	話すこと	読むこと	書くこと	数と計算・量と測定図形
6	やりとりや行動の理解と予測、音声や表情による対応や模倣、注意の追従、物の単純な操作、体幹の操作	□ 「1、2の3」で、3の前に期待する表情をする □ 「いけません」などの声で動きがとまるか、表情が変わる □ アーなど簡単な音であれば真似をするような行動をする	□ すでに知っていることに期待して求める □ 大人の動きかけに、「アー」「ウー」と声を出し対応する □ 働きかけに表情を変えて対応する	□ おもちゃを口に持っていきなめる／見る □ 180度、見て物を追う □ おもちゃの車が転がるボールを目で追う	□ 目の前のおもちゃに手を伸ばしつかむ □ 揺らせるとガラガラ等を振る □ 頭にかけられたタオル等を取る	□ 手に持った物を口に持っていく、見る □ 積み木に触って倒す □ ガラガラを叩く
4	他者への注意と反応、発声、注意の持続、外界を志向した手指動作、頭部の操作	□ あやされると笑う □ 声をかけられると表情って応じる	□ 名前を呼ばれると応じる □ 「アー」「オー」「ウー」など声を出す	□ 親しい人に微笑むなど持続的に注意を集中し見る □ 母親や身近な人に反応し見つづける	□ 手に触れた物をつかむ □ 抱っこしようとすると構える	□ 物に手を伸ばす □ 持たせると物を持つ
3	弱い注意の持続、弱い反応行動、人への反応行動、自発行動	□ 声かけの違いで、表情が異なる	□ 「ウー」「クー」と声を出す	□ 人の顔を3秒ほど見る	□ 抱っこしようとすると身構える	□ 音や動き、光に視線・注意を向ける
3	外界の探索と注意の焦点化、自発運動	□ 特定の声にわずかに反応する	□ 自分で手を動かす	□ 物を3秒ほど見る	□ 腕や手足を自分で動かす	
2	覚醒、注意、強い反応行動、自発行動	□ 音が鳴るほうを見る □ 音や声のするほうに頭の方向を変える □ 音を聞いて、その人を見る	□ 働きかけられると微笑む □ 手を自分でわずかに動かす □ むずかるように泣く	□ 人の顔を1秒ほど見る □ 物を1秒ほど見る □ おもちゃを差し出すとそれを見る	□ 胸や手足をわずかに動かす □ 手が口に動く □ からだを伸ばす、てらす	□ 音や光の変化で、行動が止まる □ 目の前の物に焦点が合うと注視をする

スコア	段階意義／レベル要素	受止め・対応	表現・要求	見ること	操作	外界の知覚認知
1.5	覚醒、弱い注意の焦点化、注意、弱い目的、反射行動、発射行動	□ 音がすると動きを止めるような行動がある □ 声を聞いて動きを向ける／顔を向けるような行動がある	□ 手を触られると、自分でわずかに動かすような行動がある □ 触って働きかけられると、動きを止めるような行動がある	□ 人や物をちらっと見る □ おもちゃを差し出すとそちらとそれを見るような行動がある	□ 手をわずかに動かすような行動がある □ 揺する働きかけで表情が変わるような行動がある	□ 明るさや光の変化に気づき、反応する* □ 動かされることに気づく、反応する*
1	外界の刺激や活動への遭遇、反射的反応 ある程度の覚醒、注意、注意の芽生え、反応行動	□ 人の声である音に気づく □ 人の声で表情が変わる □ 音で働きかけても、ある程度は覚醒している	□ いやがる、泣く □ 突然の皮膚接触に、緊張して身構える* □ 顔を試みかれるとしかめる	□ 人の頭をちらっと見るような行動がある □ 明るさや光の変化に気づき、反応する* □ 目の前に、物を呈示されると、わずかに注意を向ける	□ 急に抱きかかえられると身構える □ 揺すられると気づき反応する* □ 動かされなくても、ある程度は覚醒している	□ 突然の音や光に気づき、反応する*
0.5	一時的な覚醒（意識）、弱い注意の芽生え、弱い反応行動	□ 音や声である音がすると一時的に覚醒する □ 人の声である音がすると少しだけ注意を向ける、わずかに反応がある	□ 皮膚接触・刺激でわずかに覚醒する □ 抱きしめられると、わずかに反応する	□ 目を開けたり、閉じたりする □ 目を開けて、わずかに注意を向ける	□ 揺すられるとわずかに覚醒する □ 動かされると、わずかに反応する	
L	一時的な覚醒なし（意識）、一時的な注意の芽生えなし、反応行動なし	□ 触って声をかけても覚醒しない □ 触って声をかけても、注意を向けない、反応がない	□ 皮膚接触・刺激でも覚醒しない □ 抱きしめられても反応しない	□ 目を開けたり、閉じたりしない □ 目は閉じた、または開けたままである	□ 揺すられても覚醒しない □ 動かされても、反応がない	
	レベル要素	受止め・対応	表現・要求	見ること	操作	外界の知覚認知
	段階意義	国語				算数

基準
○7割以上可能
△3～7割可能
◇過去に1、2回確実に可能
■それ以下（著しく困難）
※評価困難

セント程度かもしれない。しかし，現実にそのような子どもは存在し，その子なりの命を輝かせている。

スコア2であれば，障害は重度で重複しているが，覚醒して注意を外界に向け，さまざまな活動に取り組む場合がある。これらの，覚醒し注意を外界に向ける行動が大切な「生きる力」であることを自覚する上でも，「スコアL」という見方を位置づけることは重要である。

そして，スコアLの場合は，学ぶ上での難しさ，生きる上での難しさがあることを踏まえながら，その子らしい生き方と日々の生活が充実することを願いつつ，生活を支援していくことが求められる。

(3)新たな視点である「レベル要素」

スコア4までを7段階にし，段階をみていく手がかりや視点は，Sスケールの発達段階の意義に，新たに追加された「発達レベルの要素（以下「レベル要素」）である。

第2章で検討した「覚醒」と「注意の芽生え・外界の指向」に加えて，「反応行動」「自発行動」を加えた。それぞれの要素の程度について，表5-3に示すように，「なし」「わずか」「弱」「並」の程度で判断することとした。

表5-3　レベル要素の構造

スコア	覚醒	注意・指向	反応行動	自発行動
4		持続並		
3		持続弱		並
2		並	並	弱
1.5	並	弱	並	弱
1	並	弱	並	わずか
0.5	弱	わずか	弱	なし
L	なし	なし	なし	なし

程度は，なし・わずか・弱・並の順に大きくなる。

3．スコア4までを7段階で検討する手がかり

レベルの要素を，「覚醒」「注意の芽生え・外界への指向」「反応行動」「自発行動」とし，それぞれの行動出現の程度を活用していく。それぞれのレベル要素の概要は，次のものである。

(1)覚醒

「大人の働きかけがない状況」および「大人の働きかけがある状況」で総

合的に判断して，覚醒の程度を決める。行動項目として「触って声をかけても覚醒しない」「人の声やある音がすると一時的に覚醒する」「皮膚接触・刺激でわずかに覚醒する」「抱きしめられると，わずかに反応する」などがある。

(2)注意の芽生え・外界への指向

　注意している行動が見られない状況，わずかに芽生えている状況，そしてそれに伴って外界への指向があるかどうかを判断する。外界への注意・指向がない段階から，注意が芽生えはじめた段階，外界への指向（スコア1），注意の焦点化（スコア2），注意の持続（スコア4）までである。

　行動項目としては，「動かされても，反応がない」「人の声やある音がすると少しだけ注意を向ける，わずかに反応がある」「目を開けて，わずかに注意を向ける」「人の声で表情が変わる」「人の顔をちらっと見るような行動がある」「人や物をちらっと見る」などである。

(3)反応行動，自発行動

　発達初期の段階をみていく際に，反応行動と自発行動という視点を導入した。大人からの働きかけや外界の変化に対して，反射的に行動するものが反応行動である。行動項目として，「抱きしめられると，わずかに反応する」「動かされると，わずかに反応する」「顔を拭かれるとしかめる」「人の声やある音に気づき，反応する」などである。反応行動は，早い段階から見られ，スコア0．5から芽生えて，スコア1で確かな行動となると位置づけた。

　他方，そのような外界の変化への反応ではなく，状況に気づき行動を起こすものが自発行動である。自発行動はスコア1から芽生えて，スコア2で確かな行動になる。行動項目として，「人や物をちらっと見る」「手を自分でわずかに動かす」「腕や足をわずかに動かす」「自分で手を動かす」などである。

4．まとめとして

　ここでは，「覚醒」「注意の芽生え・外界への指向」などを発達レベルの特徴として，レベル要素を位置づけ，Sスケールの受止め・対応リストを提案した。追加された段階とそれを説明するレベル要素について解説した。

今後は，これらの段階やレベル要素のさらなる妥当性について検討することが必要である。

なお具体的な活用方法の詳細は，徳永（文献1）の手続きと同じである。そちらを参照されたい。

【文献】

1）徳永豊（2021）『障害の重い子どもの目標設定ガイド　第2版——授業における「Sスケール」の活用』慶應義塾大学出版会.

Column4

注意行動の段階

それぞれの段階の注意の状態と特徴的な行動について，これまでの臨床的な事例を想定しながらまとめると，次のものになる。

○**外界への指向（スコア0.5）**

覚醒不活動（Alert in Activity）と呼ばれる状態が特徴であり，ある時間で覚醒していて，外界にアンテナをはり，何かの変化を受け止める状態にある。しかし，特定の領域や対象に注意を向けている行動は見られない。また，手足を動かすような行動もない。目の動きや表情から，内側にこもっているというより，こちらを見ている感じがある。

○**外界への注意（スコア1）**

外界における変化や活動に出会い，触れ合う体験が主である。例えば，特定の領域や対象（光や音など）に注意を向け，その変化に反応する。あるいは抱っこや授乳などの活動に身構えるといった反射的対応が生じたり，深い呼吸や表情の変化が生じたりする。

○**弱い注意の焦点化（スコア1.5）**

覚醒していて，弱い注意の焦点化が見られる。音がすると動きを止めるかのような行動，声を聞いて動きを止めるかのような行動など，反応的行動，弱い自発的行動が見られる。人に向かったり，物に向かったりする行動ではない。

○**注意の焦点化（スコア2）**

音が鳴ったり，物が動いたりする外界の変化に気づきが生じ，興味を示すようになる。それによって，短い間隔ではあるが，外界の対象や事象に注意を焦点づけたり，方向づけたりするようになり，自らの注意を意図的に調節するようになる。

○**外界への指向なし（スコアL）**

覚醒の状態も続かずに，外界を捉えようとする兆候もない。たまに，目を開け覚醒し，呼吸はある。しかし，表情，目の動き，呼吸や体全体から，その子どもの心的状態を推測できない。

第6章 「受止め・対応リスト」による実態把握

　本章では，「覚醒」「注意の芽生え・外界への指向」など，発達レベルの要素（レベル要素）を位置づけた「受止め・対応リスト」を活用して，障害が重度で重複している子どもの実態把握の具体例を紹介する。この事例は，20年前にある学校で週に1回の頻度で2年ほど指導した事例である。実態の概要を表6-1に示した。

　当該事例について，Sスケールの「受止め・対応リスト」を手がかりに「スコアと根拠となる行動」を記入し，スコアを導き出した。

表6-1　Aの実態

・比較的健康であるが，体温調節が難しく，室温が上昇すると体温が上がる。
・体幹，下肢ともに緊張が強く，座位保持困難である。仰臥位の姿勢が多く，頭を動かすことは少ない。働きかけられて，腕をたまに動かす。
・物を見ている様子もはっきりしない。追視は見られない。アイコンタクトも少なく，こちらを見ている感じは少ない。ライトで照らされるとまぶしそうにする。
・名前を呼ばれても，明らかな表情や動きの変化は見られない。突然の音にびっくりする。
・挨拶の歌で，CDの音楽が始まると，少し表情を変え，動かしていた手を止めることがある。
・身体に触って，くすぐると表情が変化することがある。急に身体に触ったり，動かしたりすると，全身でビックリする反応が見られる。大人が一緒に腕を動かしていると，子どもも腕を動かすような感じがある。物をつかんだり，握ったりは難しい。
・嫌いな食べ物を口に入れると，不快な表情をする。好きな物は，飲み込みが早い。
・音楽が好きで，笑顔が見られることがある。機嫌がいいと，「アア」「ウアウア」と声を出すことがたまにある。
・排泄は，時間排尿に取り組んでいるが，一定でない。トイレに座ると嫌がって，興奮して全身を伸展させることがある。
・嫌な状況になると，全身をつっぱって，大きな力を出す。

1．事例の概要と実態

　対象のＡは特別支援学校小学部２年生で，脳形成不全による四肢体幹機能障害であり，肢体不自由，知的障害があった。

　体幹，下肢ともに緊張が強く，座位保持困難である。働きかけられても動きは少なく，腕をたまに動かす。音楽が始まると，少し表情を変え，動かしていた手を止めることがある。物をつかんだり，握ったりは難しい。笑顔が見られることがある。機嫌がいいと，「アア」「ウアウア」と声を出すことがたまにある。比較的健康だが，自発的な動きが少なく，指導者にとって「反応が微弱で，変化がわかりにくい子ども」であった。

2．スコアと根拠となる行動

　「学習到達度チェックリスト」を活用する際に使う用語がいくつかある。そのひとつが，「スコアと根拠となる行動」である。

　「聞くことは，スコア２である」など，表現することがある。この場合のスコアとは，子どもが達成している段階を意味する。スコアは，行動項目の達成状況と段階意義の確からしさから判断することになっている。

　また，行動項目を手がかりに，その子どものスコアを判断するが，「根拠となる行動」とは，その子どもが示した具体的な行動のことである。どのような状況で，教師がどのように働きかけたら，どのような行動が生起し，このような行動はむずかしかったなどを記述する。

　Ａの「受止め・対応リスト」のスコアについては，聞くことが1.5，話すことが1.5，読むことが１，書くことが1.5であった。そのプロフィールを図６−１に示した。また，根拠となる行動の詳細は次のものである。

(1)聞くこと（受止め・対応）：1.5
　名前を呼ばれても，明らかな表情や動きの変化は見られない。突然の音にびっくりする。挨拶の歌で，CDの音楽が始まると，少し表情を変え，動かしていた手を止めることがある。音の変化に対応するかのような行動がたま

スコア	段階意義 / レベル要素	受止め・対応	表現・要求	見ること	操作	外界の知覚認知
3	弱い注意の持続、弱い人への反応行動、自発運動	□ 声かけの違いで、表情が異なる ／ □ 特定の声にわずかに反応する	△ 「ウー」「ウー」と声を出す ／ △ 自分で手を動かす	■ 人の顔を3秒ほど見ると見持える ／ ■ 物を3秒ほど見る	■ 抱っこしようとすると身構える ／ ■ 胸や手足を自分で動かす	
2	外界の探索と注意の焦点化、自発運動 ／ 覚醒、注意の焦点化、強い反応行動、自発行動	■ 音がするとそちらを見る ／ ■ 音や声のするほうに顔の方向を変える ／ ■ 声を聞いて、その人を見る	△ 働きかけられると微笑む ／ △ 手を自分でわずかに動かす ／ ■ むずかるように泣く	■ 人の顔を1秒ほど見る ／ ■ 物を1秒ほど見る ／ ■ おもちゃを差し出すとそれを見る	■ 胸や手足をわずかに動かす ／ ■ 手が口に動く ／ からだを伸ばす、そらす	□ 音や動き、光に視線・注意を向ける ／ △ 音や光の変化で、行動が止まる ／ 目の前の物に焦点が合うと注視をする
1.5	覚醒、弱い注意の焦点化、反応行動、弱い自発行動	音がすると動きを止めるような行動がある ／ 声を聞いて動きを止めるような顔を向けるような行動がある	手を触れられると、自分で何かしかような行動がある ／ 触ると働きかけると、動きがあるような行動がある	■ 人や物をちらっと見る ／ ■ おもちゃを差し出すとちらっとそれを見るような行動がある	手をわずかに動かすような行動がある ／ 揺すり働きかけると表情が変わるような行動がある	
1	外界の刺激や活動への遭遇、反射的反応 ／ ある程度の覚醒、注意の芽生え、反応行動	○ 人の声やある音に気づき、反応する ／ ○ 人の声で表情が変わる ／ ○ 音で働きかけなくても、ある程度は覚醒している	いやがる、泣く ／ 突然の皮膚接触に、緊張して身構える* ／ 顔を拭かれるとしかめる	■ 人の顔をちらっと見ると身構える ／ 明るさや光の変化に気づき、反応する ／ 目の前に物を提示されると、わずかに注意を向ける	急に抱きかかえられると身構える ／ 揺すられると気づき反応する* ／ 動かされなくても、ある程度は覚醒している	明るさや光の変化に気づき、反応する* ／ 動かされることに気づき、反応する* ／ 突然の音や光に気づき、反応する*
0.5	一時的な覚醒（意識）、弱い注意の芽生え、弱い反応行動	○ 人の声やある音がすると一時的に覚醒する ／ ○ 人の声やある音がすると少しだけ注意を向ける、わずかに反応する	皮膚接触・刺激でわずかに覚醒する ／ 抱きしめられると、わずかに反応する	○ 目を開けたり、閉じたりする ／ □ 目を開けて、わずかに注意を向ける	揺すられるとわずかに覚醒する ／ 動かされると、わずかに反応する	基準 ○7割以上可能 △3～7割可能 ◇過去に1, 2回確実に可能 ■それ以下（著しく困難） ※評価困難
L	一時的な覚醒（意識）なし、一時的な注意の芽生えなし、反応行動なし	触って声をかけても覚醒しない ／ 触って声をかけても、注意を向けない、反応がない	皮膚接触・刺激でも覚醒しない ／ 抱きしめられても反応しない	目を開けたり、閉じたりしない ／ 目を閉じた、または開けたままである	揺すられても覚醒しない ／ 動かされても、反応がない	
スコア	段階意義 / レベル要素	受止め・対応	表現・要求	見ること	操作	外界の知覚認知
		国語				算数

図6－1　Aのプロフィール

にある。

(2)話すこと（表現・要求）：1.5

嫌いな食べ物を口に入れると，不快な表情をする。好きな物は，飲み込みが早い。身体に触って，くすぐると表情が変化することがある。急に身体に触ったり，動かしたりすると，全身でビックリする反応が見られる。大人が一緒に腕を動かしていると，動かすような感じがある。物をつかんだり，握ったりは難しい。機嫌がいいと，「アア」「ウアウア」と声を出すことがたまにあるが，確かではない。

(3)読むこと（見ること）：1

物を見ている様子もはっきりしない。追視は見られない。アイコンタクトも少なく，こちらを見ている感じは少ない。ライトで照らされるとまぶしそうにする。上方から，名前を呼びかけると，眼球を上方に動かし，こちらを見ることがあったが定かではない。

⑷書くこと（操作）：1.5

身体に触って，くすぐると表情が変化することがある。急に身体に触ったり，動かしたりすると，全身でビックリする反応が見られる。大人が一緒に腕を動かしていると，子どもが腕を動かすような感じがある。物をつかんだり，握ったりすることは難しい。

⑸段階意義やレベル要素から

発達的には，覚醒は比較的良く，反応行動が見られた。注意の焦点化も弱い段階ではあるが見られた。自発行動として，手足の動きはわずかにあるが，対象を見る行動の自発性が弱い状況であった（表6-2）。

表6-2　スコアと根拠となる行動シート

2018年7月12日

氏名　（　　　　N・Y　　　　）

教科	観点	スコア	スコアの根拠となる行動とは	段階意義・レベル要素（＊）
国語	聞くこと	1.5	突然の音にびっくりする。CDの音楽が始まると，動かしていた手を止めることがある。	覚醒（＊）弱い注意の焦点化（＊）
	話すこと	1.5	急に身体に触ったり，動かしたりすると，全身でビックリする反応がみられる。大人が一緒に腕を動かしていると，子どもが腕を動かすような感じがある。	弱い自発行動（＊）
	読むこと	1	物を見ている様子もはっきりしない。こちらを見ている感じは少ない。ライトで照らされるとまぶしそうにする。	反射的反応反応行動（＊）
	書くこと	1.5	働き掛けられて腕をたまに動かす。大人が一緒に腕を動かしていると，子どもが腕を動かすような感じがある。	反応行動（＊）弱い自発行動（＊）

＊はレベル要素

3．実態把握を振り返って

試みに，「受止め・対応リスト」を活用し実態把握に取り組んだ。各段階

の段階意義・レベル要素を踏まえて，行動項目を評価した。

(1)判断の難しさ

　ものさしとして，Ｓスケール（学習到達度チェックリスト）では３つの段階だったものが「受止め・対応リスト」では７つの段階になったため，○か△かの判断の難しさが高まった。子どもの具体的な行動を手がかりに，子どものことを知っている複数の大人で協議して「適切な一致した判断」を進めていくしかない。

(2)見方の模索

　Ｓスケールの３つの段階で判断するほうが，評価は容易である。しかし，それでは詳細な情報が収集できず，使い勝手のいいアセスメントツールにはならない。ここでは，これまでの段階の中間状態を想定して，それを模索することを試みている。そして模索する中で，大人が違いに繊細になってくるのではないかと考えられる。たとえるならば，１センチ単位の「ものさし」に，５ミリの刻みを入れる作業であり，大人の「子どもを見る目」を鍛えることになり，訓練も必要になる。このような試みを繰り返しながら，見方が複数人で共有できるように，チャレンジを続けていくしかないと考えられる。

Column5

応答的環境づくり

　ウェア（文献1）は，重症心身障害の子どもの授業における「応答的環境（responsive environment）」の重要さを指摘している。「応答的」とは，子どもの表出や表現が相手に受け止められ，相手から何らかの働きかけが生じ，やりとりが成り立つ状況を指す。相手は人，またおもちゃなどの物の場合もある。つまり，子どもの表出や表現で，周囲の人や物の環境が変化することが重要である。

　この応答的環境は，表に示すように繊細な随伴的環境，相互作用的環境ともいわれる。「随伴的」とは，子どもの視線や発声，身振りなどの行動に対して，大人などが感受性を高めつつ受け止め，タイミングよく応じる状況を示す。子どもの行動と環境の変化が時間的に連続するやりとりになると，そこに「随伴関係（contingency relation）」が成り立つ（文献2）。子どもはそのようなやりとりやつながりが成り立つ環境を必要とし，その中で子どもは多くのことを経験し学ぶ。

表　応答的環境とは

○応答的環境
(responsive enviroment)
子どもの表出や表現が受け止められ，周囲から何らかな働きかけが生じ，やりとりが成り立つ環境
○繊細な随伴的環境
(contingency-sensitive enviroment)
○相互作用的環境
(interactive enviroment)

　応答的環境は，人的環境である教師，物的環境である教材・教具の工夫で，繊細なものとしていくことができる。また，子どもの瞬きや親指の動きなどをスイッチなどの機器につなげることで，子どもにとっての外界への働きかけとすることも可能である。

【文献】

・Ware, J. (1996) *Creating a Responsive Environment for People with Profound and Multiple Learning Difficulties*. David Fulton Publishers.

・田中信利（2019）「乳幼児における発達の様相」，徳永豊・田中信利（編著）『障害の重い子どもの発達理解ガイド　第2版』慶應義塾大学出版会.

第7章 「受止め・対応の評価シート」とその使い方

　本書では，重症心身障害のある子どもの実態把握のツールとして，Sスケールを補う「受止め・対応リスト」を提案している。

　Sスケールにおいては，スコアごとに発達特性を整理したものが，「発達段階の意義」（「段階意義」）となっている。

　一方，「受止め・対応リスト」では，スコア1，2に関連する発達特性を「段階レベルの要素」（「レベル要素」）と位置づけ，それにつながる行動項目を記載している。それらを手がかりに，「受止め・対応リスト」を子どもの実態把握の「ものさし」として活用することを目指している。

　しかしながら，重症心身障害の子どもの場合，その行動などが体調に左右されることが多く，また授業の環境や対応する教師によって行動などが異なる場合があり，「受止め・対応リスト」を活用しても，そのスコアを導き出すのが難しいことが多い。

　また，明らかな行動変化を示すことが少なく，わずかな目の動きや表情，手指の動きを手がかりとする必要があり，根拠となる行動を切り取る際にも，教師の経験や敏感さに影響されるので，より詳細な行動記録が必要になる。

　そこで，「受止め・対応リスト」を活用していく際に，その基本となる実態把握の情報を積み重ねることが容易になるように，外界の変化の「受止め・対応の評価シート（「評価シート」）」を提案する（表7-1）。

　ここでは，「評価シート」が必要になった理由を検討し，シート開発で工夫した点とその活用を紹介する。

表7-1　「受止め・対応の評価シート」

「受止め・対応リスト」を活用する際，子どものわずかな目の動きや表情，手指の動きなどの「根拠となる行動」を整理し，子どもの実態把握の情報を積み重ねるためのツール。

1. 「受止め・対応リスト」活用の難しさ

重症心身障害の場合に, 「受止め・対応リスト」を活用する取組みを重ねながら, その活用の難しさについて, 実践している教師との協議を重ねてきた（文献1, 2）。

そこで指摘されているポイントは, 子どもが示す行動について, 教師による評価のばらつきが大きいことである。

このばらつきについては, 表7-2に示す要因が関係している。このため, 「受止め・対応リスト」の項目の達成状況を判断する際に, 教師間で評価を共有するのが容易でない。以下, ばらつきの要因を具体的に紹介する。

表7-2　ばらつきの要因

1. 対応する教師, 教材, 活動の流れなどの変化
2. 体調, 時間帯, 教室環境などの変化
3. 仰臥位か座位かなどの姿勢の変化
4. 教師の行動の切り取り, 意味づけの変化

(1)対応する教師や教材, 活動の流れなどの変化

スコア1, スコア2, スコア4程度の重症心身障害の場合, 子どもが示す行動はわずかなものであり, 対応する教師が誰なのかや, 教材が変化したり, 活動の順番が変わったりすることで, 子どもの行動は影響を受ける。

(2)体調, 時間帯, 教室環境などの変化

その日の子どもの体調が良いのか悪いのかなどによって, 子どもが示す行動に変化が生じる。また, 授業の時間が午前なのか, 午後なのかによって, 子どもの行動が異なるため, その評価にばらつきが生じる。

さらに, その活動が慣れた教室か, 初めての教室なのか, 周囲の大きな声などによっても影響を受ける。

(3)仰臥位か座位かなどの姿勢の変化

重症心身障害の場合, 授業における姿勢は, 床やベッドでの仰臥位や横臥

位，あるいは座位補助具や車椅子を活用しての座位であったりと，子どもが安定して過ごせる姿勢が必要になる。

そして，子どもが外界の変化を受け止め，それに対して子どもが働きかける行動を教師が評価する際，臨床的に，どのような姿勢なのかによって，示す行動にばらつきが生じる。つまり，仰臥位か，座位かの姿勢によって，子どもが外界の変化を受け止めたり，それに対して働きかけたりする行動が異なるのである。

そのため，子どもの行動を評価する際には，子どもの姿勢に留意して，「反応・行動しやすい姿勢」を把握する。また，細かくは，「人からの働きかけや外界の変化を受け止めやすい姿勢」，さらに「手などを動かし，外界に自ら働きかけやすい姿勢」を把握しておくことが大切になる。

(4)教師の行動の切り取り，意味づけの変化

子どもの行動が微弱であるために，その評価は教師の行動の切り取り方，意味づけなどの捉え方に左右される部分が大きく，それらの行動を教師がどう理解するかで，評価のばらつきにつながりやすい点があげられる。

子どもの担当になったばかりの教師と，3年程度担当している教師では，子どもの行動の捉え方やその理解に違いが生じる。このような子どもと教師とのつながりの強弱は，子ども自身に影響を与えるだけでなく，教師自身による子どもの行動の捉え方にも影響を与える。

2.「受止め・対応の評価シート」

そこで，重症心身障害の場合に，その評価がばらつくことへの対策として，「受止め・対応リスト」を活用するにあたり（文献2），その基礎情報を収集するための受止め・対応の「評価シート」を考案した。

このシートには2つのタイプがあり，「評価シート1　実態把握の基礎」と「評価シート2　記録」である。

(1)「評価シート1　実態把握の基礎」

まず「評価シート1　実態把握の基礎」を表7-3に示した。これは，子

第7章 「受止め・対応の評価シート」とその使い方　*55*

表7-3　評価シート1　実態把握の基礎

外界の受止め・探索行動の評価シート1　実態把握の基礎				氏名（　　　　　）		
手がかりとなる行動，有効な働きかけ，体勢・姿勢の情報				記入日付	年　月　日	
手がかりとなる 反応・応答・自発（期待） 例：まばたき・頭の動き （生命活動・反応・自発）						
有効な動きかけ（固有覚・触覚・ 前庭覚・聴覚・視覚） 例：身体へのタッピング・ 声かけ（触覚・聴覚）						
外界の変化を受け止めやすい 体勢・姿勢 外界に働きかけやすい体勢・姿勢						
覚醒 （目覚めている 程度とその安定 具合）	程度	1.　ない	2.　わずかにある	3.　だいたいある	4.　しっかりある	
	良いときの 具体的な状況					
注意の芽生え・ 外界への指向 （注意を活動に 向けているか）	程度	1.　ない	2.　わずかにある	3.　だいたいある	4.　しっかりある	
	良いときの 具体的な状況	見る，聞く，触る，動かす：状態が良い時の姿勢				
反応行動 （働きかけに 反応はあるか）	程度	1.　ない	2.　わずかにある	3.　だいたいある	4.　しっかりある	
	良いときの 具体的な状況	固有覚・触覚・前庭覚・聴覚・視覚：状態が良い時の姿勢				
自発行動 （自発的な行動は あるか）＊	程度	1.　ない	2.　わずかにある	3.　だいたいある	4.　しっかりある	
	良いときの 具体的な状況	見る，聞く，触る，動かす：状態が良い時の姿勢				
このシートは，体調のばらつきを踏まえつつ，状態がいいときの実態を記入する。1年ごとに見直しをする。 ＊スコア1.5以下の場合は，記載する必要はない。						

どもの実態を把握していく際に，その基礎となる情報をまとめるためのものである。

①手がかりとなる行動，有効な働きかけ

手がかりとなる行動として，評価する際に手がかりになりやすい反応，応答・自発行動を記載する。例えば瞬きや頭の動き，わずかな手の動きなどである。

障害が厳しい場合には，呼吸数や呼吸の深さなど生命活動も手がかりとなる場合がある。

また，子どもの反応や応答につながりやすい大人からの働きかけについて，いずれの感覚が比較的に有効なのか，固有覚・触覚・前庭覚など，タッピン

グ・揺れ・声かけなどについて記載しておく。

　これらの情報を手がかりに，働きかけを工夫して，子どもの評価の手がかりとする。

②体勢・姿勢の情報

　その子どもが「反応・行動しやすい体勢・姿勢」を記載する。この体勢・姿勢については，まず，人からの働きかけや外界の変化を受け止めやすい体勢・姿勢を整理しておく。受け止めていることを，瞬きや表情の変化で捉えることになる。

　さらに，人や外界に働きかけやすい体勢・姿勢という視点もある。相手に声をかけたり，手を伸ばしたりしやすい姿勢である。

　どのような姿勢であれば，これらの行動が出現しやすいのか，それについて記載しておき，可能であれば，その姿勢で活動を展開していく。

③行動指標

　行動指標は，シートの下半分に記載欄があり覚醒，注意の芽生え・外界への指向，反応行動と自発行動である。覚醒は，目覚めている程度とその安定具合を，注意の芽生え・外界への指向は，人や活動に注意を向けている程度を評価する。反応行動は，大人からの働きかけに即時的な反応はあるかを評価し，自発行動は，探索などの自ら始発する行動があるかを評価する。これらの行動指標について，平均的な行動として，「ない」から「しっかりある」の4段階で仮に評価しておき，行動の表れが良いときの状況を記述し，評価の手がかりとする。

④良いときの具体的な状況

　さらにそれぞれの行動指標について，評価しやすいように良いときの具体的な状況を記載する。注意の芽生え，外界の指向では，外界の人や物の変化に気づき，注意を向ける行動である。そのような行動は，大人からの触る，声をかける，動かすなどの働きかけにどう応じるのか，状態がいいときの様子を記載する。変化に気づき，注意を向けやすい働きかけはどの種類なのか，どのような体勢や姿勢が注意を向けやすいかを整理しておく。状態が良いと

きの具体的な行動を記載する。

　反応行動では，大人からの触る，声をかける，動かすなどの働きかけにどう応じるのか，応じやすい働きかけはどの種類なのか，反応が生じやすい働きかけを記載しておく。さらに，状態が良いときの具体的な行動を記載する。

　自発行動では，どのような促しの働きかけが自発的な行動につながるのか，その行動は表情なのか，眼の動きなのか，手の動きなのかを整理する。さらに，状態が良いときの具体的な行動を記載する。

　このように，期待できる行動を書き出すことで，わずかな変化を捉えて，評価の対象となる行動を見つけ出すことにつながる。

⑤その他

　なお，「評価シート1」については，体調のばらつきや環境による影響を踏まえて，状態がいいときの実態を記入し，日々の評価の手がかりとする。また，「評価シート1」は，1年ごとに見直して，内容を修正する。

　さらに，自発行動の欄については，スコア2以上が該当するための，スコア1.5の場合は、必ずしも記入する必要はない。

(2)「評価シート2　記録」

　次に「評価シート2　記録」を表7-4に示した。これは，子どもの実態把握をしていく際に，その基礎情報である「評価シート1　実態把握の基礎」を踏まえて，実際の授業場面で、記録を積み重ねていくために活用する。

　この「評価シート2」を活用するに当たっては，子どもの行動にばらつきが大きいため，5日程度で継続的に，同じ教室で，同じ教員で，可能であれば同じ活動における定点観測的な記録を行う。数日にわたる実態把握を踏まえて，その子どもの平均的な実態を把握する。学年や学期の開始時期に連続的に評価し，その情報を授業づくりの基本にする。

①授業とその目標・評価

　まず，定点観測的な記録のために，活用する授業を決める。日々の活動として実践している「朝の会」や給食，「帰りの会」などが考えられる。より具体的な活動展開を想定しつつ，国語の読み聞かせの授業とする場合もあろ

58

表7-4 評価シート2 記録

外界の受止め・探索行動の評価シート2 記録					氏名（　　　　　）	
活動・授業場面	1. 朝の会　2. 教科（　　）　3. 帰りの会　4.（　　）				日付	年　月　日
目標・評価	目標	＊1　＊2		/		
	程度	むずかしい	わずか	おおむね	しっかり	
	状況					
覚醒	程度	1. ない	2. わずかにある	3. だいたいある	4. しっかりある	
	具体的な状況					
注意の芽生え・外界への指向	程度	1. ない	2. わずかにある	3. だいたいある	4. しっかりある	
	具体的な状況					
反応行動	程度	1. ない	2. わずかにある	3. だいたいある	4. しっかりある	
	具体的な状況					
自発行動＊3	程度	1. ない	2. わずかにある	3. だいたいある	4. しっかりある	
	具体的な状況					
備考欄：＊4				評価点（総計）	＊5　　点	

このシートは，体調のばらつきを踏まえて，指導開始時に5日間ほど，後は1カ月ごとに3日間ほど記入する。
＊1　評価のたびに，確認するが，記載することはない。追加があれば記載する。
＊2　右に通常の場合の目標を，左に調子が悪い場合の目標を記載する。評価は，通常の場合の目標に対して実施する。
＊3　スコア1.5以下の場合は，記載する必要はない。
＊4　応答や反応に変化がみられた場合，そのポイントなどを記載する。
＊5　必ずしも記載する必要はない。
・状況について：記号「!!!」はやった，できた，見られたと感動を示す記述につける（◇や頻度の少ない△）。記号「??」はかもしれない状況，期待をこめた記述につける（期待や◇の芽生え）。

う。

　それらの授業における子どもの目標，目指す姿を，「目標」の欄に記載する。この際に，比較的に安定した状況での目標と，少し調子が良くない場合の目標を書き分けておく。そうすると，子どものその日の状況に応じて，具体的に目標設定が可能となり，その際の評価情報の記載が容易になる。

　そして，実際の授業を振り返って，それらの目標に照らして，子どもの行動はどうだったのかの評価を記載する。大きく4つの程度で記載して，具体的な状況を書き込む。

②評価する項目として

　さらに，「覚醒」「注意の芽生え・外界への指向」「反応行動」「自発行動」の」項目で，その授業における子どもの様子を記載する。

　この際には，大きく4つの程度で記載して，具体的な状況を書き込む。なお，「自発行動」については，スコア2以上を想定しているため，スコア2

以下の場合には，記載しなくてもかまわない。

③備考欄と評価点

　備考欄には，働きかけへの反応や応答について，新しい変化があった場合など，その状況やポイント，教師の気づきを含めて記載する。評価点については，必ずしも記載する必要はないが，状況把握のために活用することも可能である。

④特殊な記号について

　さらに，具体的な状況を記載する際に，特殊記号の「!!」は，「やった！」「できた！」という意味であり，その状況が生じたら活用する。◇は，頻度はまれにだが，確実にその行動ができた場合であり，△は確実ではないが，5割程度はできている行動を意味する。さらに，「??」は，「できたかもしれない」程度の曖昧な状況の際に記載し，主観的な程度も記録に残すために活用する。

(3)シートの情報を「受止め・対応リスト」につなげる

　重症心身障害の場合には，「受止め・対応リスト」だけでは，子どもの行動にばらつきが大きく，評価が難しい場合が多い。

　そこで，基礎情報を収集するための「受止め・対応の評価シート」を提案した。特定の授業場面や活動を決めて，定点観測的な記録を積み重ねるやり方である。

　この積み重ねた情報を手がかりに，Sスケールの「受止め・対応リスト」を活用して，実態把握につなげていく。そのような取組みで，妥当性のある実態把握としていくことが可能となる。

3．活用するためのポイント

　Sスケールの「受止め・対応リスト」を活用する際に，難しさが生じるために「受止め・対応の評価シート」を提案した。一方で，重症心身障害の子どもの実態把握，授業の評価を行う上では，それでも難しさが生じることが

推測される。極端な言い方をすれば，どれだけ専門性が高い研究者であっても，実態把握が難しい部分をなくすことはできない。

そのような中で，適切に重症心身障害の子どもの実態把握をしていく際に，コツとなるポイントは何かを検討する。

(1)教師が感じていることを言葉にしよう

その子どもと出会い，数カ月，数年，一緒に過ごすことによって，その子どものことがわかることがある。最初は，わからなかったこと，感じなかったことが見えるようになることがある。それは，一緒にいる時間だけがもたらす宝物である。その宝物は，一緒にいて共に活動したからこそ，その表出がわかるようになるものである。教師は，それらに気づいたら，それらを言葉でどう表すのか，言葉を探そう，言葉にしよう，そして，教師同士で共有できるものとしよう。

言葉にする中で，捉え方が繊細になり，違いが区別できるようになる場合がある。

そのような「かもしれない」行動を大事にしよう。曖昧さを含む，でもそうかもしれない，と感じるものには，なにがしかの違いがある。その違いを大切にしよう。

(2)一人で実態把握の作業をしない

子どもへの気づき，子どもが示す行動を言葉にしつつ，そのことを教師や保護者などの関係者と話そう。子どもの捉え方，子どもの行動の理解は，関わる大人によって異なっている。自らの捉え方，理解の仕方を，他者と協議する。実態把握を「すり合わせる協議」が重要になる。その作業を通して，思い込みを避け，他者と共有できる部分を増やしていくことが大切になる。

(3)子どもに期待しよう

最後に，子どもは気づいて，わかっているかもしれないと想定して，関わりを工夫していこう。大人の強い思い込みだけではいけないが，子どもへの期待は大切である。子どもがわかって，表現していると期待しつつ，手がかりとなる行動の変化を探し出すことが大切である。

4．まとめとして

　徳永（文献3）は，学習到達度チェックリストとその活用について，基本的な考え方と活用の仕方を解説している。その活用とは，国語や算数の視点で，障害が重度な子どもの実態把握や学習評価を行っていこうとする取組みである。学習到達度チェックリストの基本構造は，国語などの「教科の視点」と乳幼児の「発達の視点」であり，その構造による尺度を「Sスケール」としている。

　授業において，発達初期の行動を積み上げていき，小学校の国語や算数の学びにつながるように力を高めることを目指している。

　ここでは，このSスケールの活用として，障害が重度で重複している子ども，言い替えると，医療・福祉の領域では「重症心身障害」といわれる子どもを対象とし，その実態把握や目標設定，学習評価について，その課題と方向性について検討してきた。具体的には，「覚醒」「注意の芽生え・外界への指向」「反応行動」「自発行動」を発達レベルの要素と位置づけた「受止め・対応リスト」を提案し，さらに実態把握の情報を積み重ねる「評価シート」を開発し，提案した。これらのツールを活用することで，日々の授業の様子を記録し，子どもの実態把握が確かなものとなると考えられる。

【文献】

1）徳永豊（2023）「重症心身障害のある子どもの実態把握，目標設定及び学習評価」，『福岡大学研究部論集B：社会科学編』13，1-16.

2）徳永豊・金城厚・齊藤香子・堀江祥世・下村洋平・瀬田暁子・角舘愛加（2024）「重症心身障害児における覚醒や注意の芽生え，指向性，及び二項関係形成に関する評価—『外界の受止め・対応リスト』とその『評価シート』の開発—」，科学研究費報告書 令和3年〜令和5年度科学研究費補助金（基盤研究（C））「資料公開」

3）徳永豊（2014）『障害の重い子どもの目標設定ガイド——授業における「学習到達度チェックリスト」の活用』，慶應義塾大学出版会：

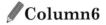

Column6

子どもの姿勢

　重症心身障害の場合，自分で姿勢を変えたり，維持したりすることが難しい状況にある。車いすや座位保持装置，クッションやタオルなどを用いて姿勢の調整を工夫する。

表　姿勢のポイント

1. 可能であれば，できるだけ左右対称な姿勢
2. 筋緊張が少ない姿勢
3. 呼吸がしやすい姿勢
4. 時々姿勢を変えること

　その際のポイントとして，表に示すように，①可能であれば，できるだけ左右対称で，②筋緊張が少ない，③呼吸がしやすい，④時々姿勢を変えることが大切になる。腹臥位で活動する場合は，クッションや三角マットなどを用いて，姿勢補助を行う。座位の場合は，クッション・チェアーや座位補助装置などを活用するとよい。

　姿勢が適切でないと，筋緊張が強くなり，姿勢の歪みを強める場合がある。その結果，痙縮（けいしゅく）・拘縮（こうしゅく）が生じる。痙縮・拘縮とは，筋肉のこわばりや硬さが強くなり，なめらかに腕や脚などを動かすことが難しくなることである。それらに伴い生活動作が低下することもある。

　また，拘縮が進めば関節の可動域が狭くなり，生活動作の低下につながってしまう。可動域とは，身体の各関節が，生理的に動くことができる範囲（角度）を意味し，それが狭くなることは，動かせる範囲が制限されることになる。さらに拘縮が進めば側弯・脊柱変形や股関節脱臼などにつながる場合がある。

　このように筋緊張が過度に強くなると，動作の低下とともに姿勢のゆがみにつながる。そうならないように医師などの専門家の助言を活用してほしい。

　子どもが授業で学ぶ際，目的に応じた適切な姿勢があり，教師がその姿勢を調整しつつ，子どもが学びに向かうことを支援することが重要になる。

　どのような姿勢で過ごすかを検討する場合，「休息するための姿勢」「活動

に向かうための姿勢」「食事のための姿勢」と，大きく３つの姿勢のタイプがある。

(1)休息するための姿勢

　眠るときの姿勢や活動の合間で休息する姿勢がある。呼吸がしやすく，筋緊張の少ない姿勢で，外界に注意を向けたり，手足を動かしたりすることを考えない，リラックスした姿勢である。

(2)活動に向かうための姿勢

　それに対して，活動に向かうための姿勢とは，視野が広がり，外界に注意を向け，外界の変化を捉えやすい姿勢である。また，物に触ってふれ，物に手を伸ばすなど自発的な動きが生じやすい姿勢である。自発的な動きを開始するためには，その動きの土台となる基底面が必要になり，それがしっかりしている姿勢を選択するとよい。

　例えば，肘立て位の姿勢で，右手を伸ばすためには，左肘を固定していること（基底面）で右手が伸ばしやすくなる場合などがある。本が見やすい姿勢，ページをめくりやすい姿勢，そして活動していて崩れにくい姿勢などを工夫していくとよいだろう。

　このように子どもの姿勢は，単に物理的に安定しているかだけでなく，その子どもが外界に向き合い，外界の変化から学ぶための活動を支える土台になっているかという視点が重要になる。

(3)食事のための姿勢

　食べ物を，口に取り込み，噛んだり押しつぶしたりして飲み込むためには，適切な姿勢が大切になる。姿勢を45度程度に起こした状態であればよいが，それが難しい場合には，仰臥位の姿勢でその姿勢をクッションなどで固定する。そして，ベッドの角度を20度程度に起こしつつ，飲み込みがしやすい姿勢を工夫してみるとよい。

第8章 「受止め・対応リスト」と
その「評価シート」の活用事例

　重症心身障害の子どもの実態把握と目標設定について，特別支援学校小学部3年生の児童を対象に「学習到達度チェックリスト」（文献1）を活用した実態把握を実施した。それに加え，本書で提案してきた「受止め・対応リスト」とその「評価シート」も活用して詳細な実態把握を行った。それらの結果から，この実態把握のメリットと課題について報告する。

1．対象児の実態

　対象のAは小学部3年生で，主な障害については「脳源性運動機能障害」「てんかん」「全盲」であり，肢体不自由，知的障害があった。視力については，引継資料では全盲とされているが，実際に関わる中では暗い中で電気をつけるとまぶしそうに瞬きをしたり，日光に当たると眩しそうにしたりする様子があり，明暗程度の視力だと考えられる。

　体調面では，唾液の嚥下処理がうまくできないことからSpO2（動脈血中酸素飽和度）値が低下することがしばしばある。腹臥位や側臥位，車椅子座位では前傾姿勢で排痰を促し，呼吸状態を良好に保ち学習に集中しやすい状態に整えることが必要である。また，Aは不随意運動で，頭，手，足などが常にピクピク動いており，学習にあたっては，その動きを最小限に抑え，学習に向かいやすい工夫が必要ではないかと考えられる。

2．「学習到達度チェックリスト」による実態把握

　「学習到達度チェックリスト」によるAのプロフィールを図8-1に示した。聞くこと（受止め・対応）はスコア1，話すこと（表現・要求）はスコア2，

第8章 「受止め・対応リスト」とその「評価シート」の活用事例   65

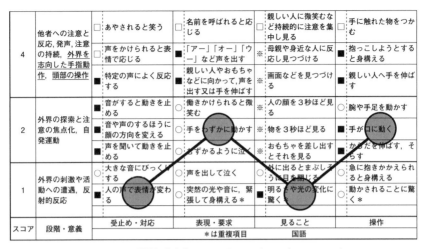

図8-1　学習到達度チェックリストのプロフィール

表8-1　学習到達度チェックリストのスコアと根拠となる行動、段階意義

教科	観点	スコア	スコアと根拠となる行動	段階意義
国語	聞くこと (受止め・対応)	1	・耳元で大きな声で名前を呼びかけると驚く。 ・シンバル，大太鼓などの楽器で突然大きな音を聞かせるとびっくりする。	反射的反応
	話すこと (表現・要求)	2	・お腹をくすぐると口角がわずかに上がり笑うような声を出す。 ・仰臥位では左手で頭をかく，お腹を触る，左手の甲を敷布団に当てた状態で手を上下に動かす。 ・濡れタオルでの顔拭き，歯磨きの場面で眉間にしわをよせ，嫌そうな表情をして声を出す。	自発運動 外界の探索と注意の焦点化 自発運動
	読むこと (見ること)	1	・真っ暗な部屋でしばらく過ごした後，電気をつけると，細かい瞬きをして眩しそうにする。 ・太陽の光を浴びると，眩しそうに目を閉じる。	外界の刺激や活動への遭遇
	書くこと (操作)	2	・仰臥位では左手で頭をかく，お腹を触る，左手の甲を敷布団に当てた状態で手を上下に動かす。	自発運動

読むこと（見ること）はスコア１，書くこと（操作）はスコア２の段階であった。

　Aは視覚障害があることから視覚の活用は難しいため，読むこと（見ること）のスコアは１となり，それ以降は見ることの行動項目は評価ができず妥当でないために評価困難の※の記号に変更した。

　「スコアと根拠となる行動，段階意義」を表8-1に示した。

聞くこと（受止め・対応）のスコア1の根拠となる行動としては「大きな声や音に驚く，びっくりする」であった。話すこと（表現・要求）のスコア2の根拠となる行動は，「くすぐると笑うような声を出す，仰臥位では左手で頭をかく，お腹を触るなど」であった。

読むこと（見ること）のスコア1の根拠となる行動は「暗い部屋で電気をつけると瞬きをする，太陽の光を眩しそうに目を閉じる」であった。

書くこと（操作）のスコア2の根拠となる行動は，「左手で頭をかく，お腹を触る，手を上下に動かす動きがある」であった。

発達段階の意義としては，「反射的反応」「外界の探索や注意の焦点化」「外界の刺激や活動への遭遇」「自発運動」であった。スコア2の「外界の探索と注意の焦点化」については，聞くこと（受止め・対応）や読むこと（見ること）において，聴覚と視覚を活用する行動項目でその有無を把握できるようになっているが，Ａは視覚障害があることから読むこと（見ること）の項目では把握することが難しかった。

また，「受止め・対応」の結果から聴覚の活用も難しいと考えられる。しかし，表8-1の下線部の行動を，「お腹や布団に触れた時の触感覚に注意を向けている」と判断すると，スコア2の「外界の探索と注意の焦点化」はクリアしていると考えられる。

3.「評価シート」と「受止め・対応リスト」を活用した実態把握

第6章で紹介した「評価シート」を活用して把握できた実態（有効な働きかけ，体勢・姿勢等）の概要を表8-2に示した。

表8-2からＡは「足裏をくすぐると，くすぐったそうに足を引っ込める」など，聴覚よりも触覚を通して関わるほうが，反応を引き出しやすいことが分かった。また，Ａが示す行動は「反応行動」が主だが，その中にも「お腹をさすったり，枕を触ったりする，さするように動かす」など，手を目的的に動かす「自発行動」があることが分かった。

また，「受止め・対応リスト」による実態把握の結果を図8-2に示した。

「受止め・対応リスト」の結果を，「レベルの要素」に注目して検討してみる。Ａのそれぞれのスコアは1以上であり，「覚醒」「注意の芽生え・外界へ

第8章　「受止め・対応リスト」とその「評価シート」の活用事例　67

表8−2　「評価シート」による実態把握

感覚	有効な働きかけとその反応及びその反応が出やすい姿勢	レベル要素
視覚	・太陽の光を見ると，まぶしそうに眼を閉じたり瞬きをしたりする。（車椅子座位）	・反応行動
	・真っ暗な状態でしばらく過ごした後，電気を全灯すると，まぶしそうに細かい瞬きをする。（側臥位）	・反応行動
	・暗い部屋で，色のついた光を提示すると（眼前15cm程度），ぼんやり見つめるようなまなざしをすることがある。光を動かしても追視は見られない。	・反応行動
	・強い光を目に照らすと，瞳孔が閉じる反射がある。懐中電灯の弱い光では見られない。	・反応行動
聴覚	・耳元で大きな声で呼びかけると，びっくりする。	・反応行動
	・シンバル，大太鼓などの楽器で突然大きな音を聞かせるとびっくりする。（車椅子座位）	・反応行動
	・耳元で呼びかけても動きを止めたり，教師の方を向いたりするような行動は見られない。	
触覚	・お腹をさすると，笑うような声を出し，口角がわずかに上がるような表情の変化がある。（仰臥位，側臥位）	・反応行動
	・足裏をくすぐると，くすぐったそうに足を引っ込める。（仰臥位，側臥位）	・反応行動
	・左手で頭をかく。（仰臥位，側臥位）	・自発行動
	・左手の甲で布団をさするように動かす。（仰臥位）	・自発行動
	・左手でお腹をさすったり，枕を触ったりする。（仰臥位）	・自発行動
固有感覚前庭覚	・抱っこをして揺らしたり，トランポリン等で揺らしたりしても表情の変化などは見られない。	

の指向」「反応行動」のレベルは，「並」以上であった。注目すべきは表8−1や表8−2の触覚に示されている「左手で頭をかく，お腹を触る，手を上下に動かす」など「弱い注意の持続」「弱い外界を指向した手指動作」を示している点である。

「学習到達度チェックリスト」では，スコア2の「外界の探索と注意の焦点化」をクリアするところまでしか把握することができなかった。

しかしながら図8−2の「受止め・対応リスト」では，スコア2の「外界の探索と注意の焦点化」をクリアし，その上のスコア3の「自分で手を動かす」（表現・要求），「腕や手足を自分で動かす」（操作）が可能なことがわかった。

さらに「スコアと根拠となる行動」を表8−3に示した。

その根拠となる行動は，「仰臥位にて左手で頭をかく，お腹を触る，左手の甲を敷布団に当てた状態で手を上下に動かす」である。この行動の意味を，

スコア	段階意義・レベル要素	受止め・対応	表現・要求	見ること	操作
3	弱い注意の持続，弱い人への反応行動，自発行動	□ 声かけの違いで，表情が異なる □ 特定の声にわずかに反応する	□ 「ウー」「ウー」と声を出す ○ 自分で手を動かす	□ 人の顔を3秒ほど見る □ 物を3秒ほど見る	□ 抱っこしようとすると身構える □ 腕や手足を自分で動かす
2	外界の探索と注意の焦点化，自発運動 覚醒，注意の焦点化，強い反応行動，自発行動	□ 音がするとそちらを見る □ 音や声のするほうに顔の方向を変える □ 声を聞いて，その人を見る	□ 働きかけられると微笑む ※ □ 手を自分でわずかに動かす ※ □ むずかるように泣く	□ 人の顔を1秒ほど見る ※ □ 物を1秒ほど見る ※ □ おもちゃを差し出すとそれを見る	□ 胸や手足をわずかに動かす □ 手が口に動く □ からだを伸ばす，そらす
1.5	覚醒，弱い注意の焦点化，反応行動，弱い自発行動	■ 音がすると動きを止めるような行動がある □ 声を聞いて動きを止める／顔を向けるような行動がある	□ 手を触られると，自分でわずかに動かすような行動がある □ 触って働きかけると，動きを止めるような行動がある	□ 人や物をちらっと見る □ おもちゃを差し出すとらっとそれを見るような行動がある ※	□ 手をわずかに動かすような行動がある ■ 揺さぶられると表情が変わるような行動がある
1	外界の刺激や活動への遭遇，反射的反応 ある程度の覚醒，注意の芽生え，反応行動	○ 人の声やある音に気づき，反応する ■ 人の声で表情が変わる ○ 音で働きかけなくても，ある程度は覚醒している	□ いやがる，泣く □ 突然の皮膚接触に，緊張して身構える* □ 顔を拭かれるとしかめる	○ 人や物をちらっと見るような行動がある ※ ○ 明るさや光の変化に気づき，反応する* ○ 顔の前に物を提示されると，わずかに注意を向ける ※	□ 急に抱きかかえられると身構える □ 揺さぶられると気づき反応する* □ 動かされなくても，ある程度は覚醒している
0.5	一時的な覚醒（意識），弱い注意の芽生え，弱い反応行動	□ 人の声やある音がすると一時的に覚醒する □ 人の声やある音がすると少しだけ注意を向ける，わずかに反応がある	□ 皮膚接触・刺激でわずかに覚醒する □ 抱きしめられると，わずかに反応する	□ 目を開けたり，閉じたりする □ 目を開けて，わずかに注意を向ける	□ 揺さぶられるとわずかに覚醒する □ 動かされると，わずかに反応する
L	一時的な覚醒なし（意識），一時的な注意の芽生えなし，反応行動なし	□ 触って声をかけても覚醒しない □ 触って声をかけても，注意を向けない，反応がない	□ 皮膚接触・刺激でも覚醒しない □ 抱きしめられても反応しない	□ 目を開けたり，閉じたりしない □ 目は閉じた，または開けたままである	□ 揺さぶられても覚醒しない □ 動かされても，反応がない
スコア	レベル要素	受止め・対応	表現・要求	見ること	操作
		国語			

図8-2　Sスケール「受止め・対応リスト」におけるAのプロフィール

表8-3　Sスケール「受止め・対応リスト」のスコアと根拠となる行動

教科	観点	スコア	スコアと根拠となる行動	段階意義・レベル要素
国語	聞くこと（受止め・対応）	1	・耳元で大きな声で名前を呼びかけると驚く。 ・シンバル，大太鼓などの楽器で突然大きな音を聞かせるととびっくりする。	反射的反応
	話すこと（表現・要求）	3	・仰臥位で左手で頭をかく，お腹を触る，左手の甲を敷布団に当てた状態で手を上下に動かす動きがある。	・弱い注意の持続
	読むこと（見ること）	1	・真っ暗な部屋でしばらく過ごした後，電気をつけると，細かい瞬きをして眩しそうにする。 ・太陽の光を浴びると，眩しそうに目を閉じる。	外界の刺激や活動への遭遇
	書くこと（操作）	3	・仰臥位では左手で頭をかく，お腹を触る，左手の甲を敷布団に当てた状態で手を上下に動かす動きがある。	・弱い注意の持続

・はレベルの要素を示す。

Aは視覚，聴覚がうまく活用できないため，触覚を頼りに外界から得られる刺激を求めて手を動かしていると考えると，「弱い注意の持続」ではないかと考えられる。

4．「評価シート」と「受止め・対応リスト」を活用したメリットと課題

「学習到達度チェックリスト」では，スコア2の「外界の探索と注意の焦点化」までしか把握できなかった。しかし，Sスケール「受止め・対応リスト」を活用することで，スコア3の「弱い注意の持続」の段階にいるのではないかということまで考えられるようになった。

「学習到達度チェックリスト」では，「外界の探索と注意の焦点化」を把握するための行動項目は，聴覚と視覚を活用するものだけであったが，Sスケール「受止め・対応リスト」では，触覚や固有覚・前庭覚を活用する項目も追加され，Aのように視覚障害と知的障害を重複している児童の実態把握もしやすくなったと考えられる。

「評価シート」については，子どもがどの感覚を活用して外界と関わっているのか，子どもの反応を引き出すのに有効な働きかけや姿勢などを整理することができ，子どもの行動を理解するのに役立った。重度・重複障害のある子どもの場合，子ども自身が活用可能な感覚へのアプローチが求められる。また，姿勢や環境によって持てる力を発揮できるかできないかが左右されることも多い。

評価シートを通して，これらの重要な視点を教師間で共有できることは意義があると考えられる。そのため，評価シートの情報は指導者が変わってもスムーズに指導を継続するための重要な引継ぎ資料にもなるだろう。

今後は，今回の実態把握の結果を複数の教師で共有し，誰が関わっても同じような実態となるのか検証が必要である。

【文献】

1）徳永豊（2021）『障害の重い子どもの目標設定ガイド　第2版——授業における「Sスケール」の活用』，慶應義塾大学出版会.

Column7

反応行動と自発行動

　反応行動は，大人からの働きかけに子どもの即時的な反応があるかを評価し，自発行動は，探索などの自ら始発する子どもの行動があるかを評価する。反応行動として，大人の働きかけには，触る，ふれる，声かける，動かすなどがあり，それらに対して，子どもは瞬きや目の動き，表情，手足の動きなどで，反応的な行動を示すかを確認する。子どもが反応しやすい働きかけはどの状況でどの種類の働きかけなのかを検討し記載する。よりよく反応するとき，状態が良いときの働きかけと子どもの具体的な行動を記入し，評価の手がかりとする。

　自発行動では，どのような状況でどのような促しの働きかけが自発的な行動につながるのかを確認する。即時的な行動というより，その状況で自発的に，目を閉じる，視線を向ける，笑うなど表情を変える，手を伸ばすなどの行動である。自発行動が多いとき，状態が良いときの促しの働きかけと子どもの具体的な行動を記入し，評価の手がかりとする。

　「評価シート1」に，効果的な働きかけや促し，さらに期待する反応や行動を書き出すことで，わずかな変化を捉えて，評価の対象となる行動を見つけ出しやすいように工夫する。

「受止め・対応リスト」「評価シート」
の使用について

本書で紹介した「受止め・対応リスト」「評価シート」は，本書を購入した人に限り，下記アドレスのWebページで，活用できます。

```
1．「受止め・対応リスト」……………………………… 本書p.40
2．「評価シート　1」…………………………………… 本書p.55
　　「評価シート　2」…………………………………… 本書p.58
```

＜アクセス方法＞

下記のWebページから，指示に従ってご覧ください。

Webページ：https://www.keio-up.co.jp/uketome/

ユーザ名：Uketome2504

パスワード：UktmKup25

なお，Webページでの掲載期間は，本書発行から4年間の予定です。
その後の掲載方法など変更があった場合は，上記Webページでお知らせする予定です。

※上記1および2の図は，本書を購入した方のみが使用許諾の対象です。購入せずに使用することは，著作権法上での例外を除き，固くお断りします。
※上記1および2の図を，著作権者の許可なく営利目的で配布したり，改変して二次的著作物を作成したりすることを禁じます。

◎「学習到達度チェックリスト」のダウンロード方法は，『障害の重い子どもの目標設定ガイド　第2版』（慶應義塾大学出版会，2021年）をご覧ください。

執筆者紹介

編著者

徳永　豊（とくなが・ゆたか）〈1章〜7章，コラム〉
福岡大学人文学部教育・臨床心理学科教授。専門は特別支援教育、発達臨床。
1960年佐賀県生まれ。九州大学大学院教育学研究科博士課程退学。国立特別支援教育総合研究所企画部総括研究員などを経て現職。
著書に『重度・重複障害児の対人相互交渉における共同注意』（慶應義塾大学出版会、2009年）、『障害の重い子どもの目標設定ガイド　第2版』（編著、同、2021年）など。

著者

金城　厚（きんじょう・あつし）〈8章〉
沖縄県立那覇特別支援学校教諭。
1980年沖縄県生まれ。琉球大学教育学部生涯教育課程卒業。琉球大学大学院教育学研究科高度教職実践専攻（教職大学院）修了。

(所属は2025年3月現在)

「スコア1，2の会」協力者一覧

代表

徳永　豊（福岡大学）

協力者

金城　厚（沖縄県立那覇特別支援学校）
齊藤香子（岩手県立盛岡となん支援学校）
岩崎早苗（岩手県立盛岡となん支援学校）
角舘愛加（岩手県立盛岡となん支援学校）
堀江祥世（奈良県立明日香養護学校）
下村洋平（奈良県立明日香養護学校）
瀬田暁子（長野県花田養護学校）

(2024年3月1日現在)

重症心身障害の子どもの実態把握ガイド
──「受止め・対応リスト」とその「評価シート」の活用

2025年4月15日　初版第1刷発行

編著者─────徳永　豊
発行者─────大野友寛
発行所─────慶應義塾大学出版会株式会社
　　　　　　　〒108-8346　東京都港区三田2-19-30
　　　　　　　TEL〔編集部〕03-3451-0931
　　　　　　　　　〔営業部〕03-3451-3584〈ご注文〉
　　　　　　　　　〔　〃　〕03-3451-6926
　　　　　　　FAX〔営業部〕03-3451-3122
　　　　　　　振替　00190-8-155497
　　　　　　　https://www.keio-up.co.jp/
装　丁─────本永恵子
印刷・製本──中央精版印刷株式会社
カバー印刷──株式会社太平印刷社

©2025 Yutaka Tokunaga
Printed in Japan　ISBN 978-4-7664-3027-1

慶應義塾大学出版会

障害の重い子どもの目標設定ガイド 第2版
授業における「Sスケール」の活用

徳永豊 編著
一木薫・田中信利・古山勝・宮崎亜紀・吉川知夫 著

「Sスケール」を活用した目標設定に必携。
知的障害などで学ぶことの困難さが大きい子どもの学習評価の画期的なツールである「Sスケール（学習到達度チェックリスト）」の仕組み、具体的な活用方法、実践事例を解説します。
＊本書を購入すると、「Sスケール（学習到達度チェックリスト）」を利用できます。

A5判／並製／88頁
ISBN 978-4-7664-2732-5
定価1,100円（本体価格1,000円）
2021年3月刊行

◆主要目次◆
推薦のことば
　——目標設定、学習評価を充実させるために
改訂にあたって
第1章　Sスケールと子どもの学び
第2章　学習到達度チェックリストの概要と特徴について
　——身につけたい力と発達段階の意義
第3章　学習到達度チェックリストの使い方と留意点
第4章　学習到達度チェックリストの活用例
　1.　障害が重度な子どものSスケールの活用例
　2.　知的障害がある子どものSスケールの活用例
　3.　その他のSスケールの活用例
第5章　Sスケールの発達段階とその意義
　——より有効に活用するために
第6章　チェックリストの課題、新たなチャレンジへ
〈コラム〉
　1　各スコア（1〜18）での発達段階の意義〈2019〉
　2　「段階意義」の用語解説
◎「学習到達度チェックリスト」および各シートの使用について

慶應義塾大学出版会

障害の重い子どもの発達理解ガイド
―― 教科指導のための「段階意義の系統図」の活用

徳永 豊・田中信利 編著

「Sスケール（学習到達度チェックリスト）」を活用するための必読書。

乳児の発達とその系統性を基礎として、障害の重い子どもの目標設定のための確かな根拠を提供します。さらに、発達の系統性や発達段階ごとのつながりを活用し、学びの順序性について実践事例で解説します。
＊本書を購入すると「段階意義の系統図」「段階アップのポイント」を利用できます。

A5判／並製／88頁
ISBN 978-4-7664-2608-3
定価1,100円（本体価格1,000円）
2019年7月刊行

◆主要目次◆

第1章　障害の重い子どもの目標設定と実態把握
第2章　学びの状況把握のための枠組みと、発達とのつながり
第3章　乳児期における発達の諸相
第4章　Sスケールにおける発達段階の意義についての解説
第5章　実態把握、目標設定のつながりとその段階アップ
　　　　――発達段階の意義を活用した実態把握と目標設定
第6章　発達段階の意義に基づいた国語科指導の実際

◎「段階意義の系統図2019」「段階アップのポイント2019」の使用について

慶應義塾大学出版会

重度・重複障害児の対人相互交渉における共同注意
―― コミュニケーション行動の基盤について

徳永 豊 著

乳幼児が獲得する「共同注意」の形成までを「三項関係形成モデル」として示し、障害が重度な子どもの事例研究によって、「自分の理解」や「他者への働きかけ」「対象物の操作」の発達の筋道を示す。

A5判／上製／168頁
ISBN 978-4-7664-1575-9
定価 3,960円（本体 3,600円）
2009年2月刊行

◆主要目次◆

第1章　障害のある子どものコミュニケーション行動
第2章　肢体不自由を主とする重度・重複障害児の対人相互交渉
第3章　乳幼児の発達における共同注意関連行動について
第4章　対人相互交渉における身体接触の意義について
第5章　自己−他者−対象物の発達に関する子どもの体験モデル――三項関係形成モデルの提案
第6章　重度・重複障害児の対人相互交渉に関する事例研究
　研究1　相手に合わせる行動が難しい脳性まひ児の言語行動の発達について
　研究2　自発的な動きの乏しい重度・重複障害児の対人的相互交渉の成立について
　研究3　重度・重複障害児の対人行動からみた主観的社会体験の様相について
　　　　――身体接触を伴う働きかけへの応答行動の分析から